DESUBAS

SON MINISTÈRE, SON MARTYRE

(1720-1746)

D'APRÈS DES DOCUMENTS INÉDITS

PAR

DANIEL BENOIT

PASTEUR

TOULOUSE,

SOCIÉTÉ DES LIVRES RELIGIEUX,

DÉPÔT : RUE ROMIGUIÈRES, 7

1879

DESUBAS

SON MINISTÈRE, SON MARTYRE

(1720-1746)

PUBLIÉ PAR LA SOCIÉTÉ DES LIVRES RELIGIEUX
DE TOULOUSE.

TOULOUSE, IMPRIMERIE A. CHAUVIN ET FILS, RUE DES SALENQUES, 28

UNE VICTIME

DE L'INTOLÉRANCE AU XVIIIe SIÈCLE

DESUBAS

SON MINISTÈRE, SON MARTYRE

(1720-1746)

D'APRÈS DES DOCUMENTS INÉDITS

PAR

DANIEL BENOIT

PASTEUR

TOULOUSE

SOCIÉTÉ DES LIVRES RELIGIEUX

DÉPÔT : RUE ROMIGUIÈRES, 7

1879

SOURCES PRINCIPALES

I. — IMPRIMÉS.

Armand de La Chapelle. La Nécessité du culte public parmi les chrétiens. Franfort, 1747 (nouvelle édition). 2 vol. in-12.

[*Antoine Court*]. Le Patriote françois et impartial, ou réponse à la lettre de M. l'évêque d'Agen. Villefranche (Genève), 1753 (2ᵉ éd.). 2 vol. in-12.

Charles Coquerel. Histoire des Eglises du Désert chez les protestants de France. Paris, 1841. 2 vol. in-8º.

Napoléon Peyrat. Histoire des protestants du Désert depuis la Révocation de l'édit de Nantes jusqu'à la Révolution française. Paris, 1842, 2 vol. in-8º.

6

Eug. et Em. Haag. La France protestante, t. VII, article *Majal.*

Edmond Hugues. Antoine Court. Histoire de la restauration du protestantisme en France au dix-huitième siècle. Paris, 1872 (1re éd.). 2 vol. in-8°.

Bulletin de la Société de l'histoire du protestantisme français, *passim.*

II. — MANUSCRITS.

Recueil des actes des synodes tenus en la province du Vivarais, de 1721 à 1793. Ce recueil original qui renferme, en quelque sorte, l'histoire officielle des Eglises du Vivarais et la signature de tous leurs pasteurs, appartient aux archives du consistoire de La Voulte. Nous le désignerons sous le nom de *Recueil de La Voulte.*

Recueil de pièces relatives aux Eglises réformées du Vivarais, du Languedoc et du Dauphiné pendant la période du Désert. Ce sont des copies de différentes pièces du temps, telles que des lettres des pasteurs du Languedoc, du Vivarais, du Dauphiné, de Court, de Polier, etc. Ce recueil appartient à M. Paul de Magnin, pasteur à Montpellier. Nous le désignerons sous le nom de *Recueil de Magnin.*

Papiers Lebrat. Ils consistent en de précieux documents qu'a bien voulu me communiquer M. le pasteur Lebrat, de Roubaix, arrière-petit-neveu de Desubas. Ils comprennent sept lettres du martyr, plus vingt-cinq lettres qui lui furent écrites par divers personnages du Désert, le registre des baptêmes et des mariages célébrés par ce pasteur et par ses deux collègues Dunière et Morel, et deux courtes notices manuscrites sur Ranc et Desubas, dues à la plume de M. Mazade, ancien aumônier du lycée de Tournon.

Papiers Chalamet. Ces manuscrits, communiqués par Mme veuve Chalamet, de Valence, ont appartenu au pasteur du Désert Pierre Peirot. Ils renferment soixante-deux sermons de ce pasteur, des morceaux de théologie, des notes diverses et un certain nombre de lettres et de pièces relatives aux affaires protestantes du Vivarais et du Languedoc au dix-huitième siècle.

Archives de la préfecture de l'Hérault. Fonds de l'ancienne intendance; section religion; lettre C, 219, année 1746.

Archives nationales TT, 337, 3505, 3507.

Manuscrits d'Antoine Court (Bibliothèque publique de Genève).

Archives communales de Vernoux.

Divers recueils de complaintes du Désert, etc., etc.

Mme de Witt née Guizot, dans un intéressant volume intitulé : *Scènes d'histoire et de famille, XVIe, XVIIe, XVIIIe siècles* (Paris, Société des écoles du dimanche, 1869), fait de notre martyr le héros d'un roman historique intitulé : *Le Désert, ou l'Eglise sous la Croix.* Ce travail, d'une lecture d'ailleurs fort attrayante, n'a d'historique que le nom et fourmille d'anachronismes.

INTRODUCTION

Au cœur du Vivarais, dans cette partie de l'Ardèche que traverse l'Eyrieux et qui formait autrefois le canton des Boutières, se trouve une contrée intéressante qui frappe par son aspect tour à tour imposant et gracieux. Quoique rapprochée du Rhône, elle n'offre que dans quelques vallées abritées les riches produits de la plaine ; mais les versants des montagnes sont couronnés de pins, de noyers, de chênes-verts et surtout de châtaigniers dont le fruit est une vraie richesse pour le pays. L'hiver est toujours long et rigoureux sur ces hauteurs, mais au printemps elles prennent de l'animation et de la vie; de nombreux troupeaux se répandent dans les prairies qu'arrosent des eaux murmurantes, et le voyageur étonné, dont le regard est sollicité par mille riantes perspectives, croirait fouler quelque canton retiré de la Suisse.

Ce pays, encore habité de nos jours par une race forte et laborieuse, qui se ressent de son origine huguenote, pourrait à bon droit s'appeler la terre des martyrs. Dans un rayon de quelques lieues à peine, on peut visiter le berceau de quatre prédicateurs de l'Evangile, mis à mort dans le court espace de quatorze ans, sous le règne de Louis XV. Le Bouschet-de-Pranles a donné le jour à Pierre Durand, l'apôtre du Vivarais. Ajoux a vu naître Louis Ranc, le jeune confesseur de Die. Chalancon se réclame du vieux Dortial, de camisard devenu prédicant, et qui subit à Nîmes le dernier supplice avec une admirable constance. Vernoux, enfin, se glorifie de Desubas.

Or, parmi ces martyrs qui scellèrent de leur sang le témoignage qu'ils rendaient à l'Evangile, il n'en est peut-être pas de plus sympathique que le héros de cette histoire. Tout intéresse en Desubas; — ses qualités physiques : tous les documents s'accordent à lui reconnaître un port plein de noblesse, une physionomie attrayante, ou, comme ils disent, « de la bonne grâce; » — sa jeunesse : comme Louis Ranc, Bénézet, Rochette, il n'avait que

vingt-six ans lorsqu'il souffrit le martyre à
Montpellier ; — sa piété profonde, son dévouement infatigable : malgré une santé délicate il
était toujours à la brèche, prêchant, évangéli-
sant sous le feu des persécutions, et, depuis sa
capture jusqu'à l'heure de sa mort, pas un
murmure ne sortit de ses lèvres ; — son intelligence et ses capacités : malgré sa jeunesse, il
fut choisi pour remplir plus d'une mission délicate, et nous verrons qu'il eut l'honneur de
siéger au synode national de 1744 ; — sa douceur
et l'aménité de son caractère : elles avaient
frappé et gagné jusqu'à ses juges, qui ne le
condamnèrent qu'en pleurant et afin d'obéir
aux édits royaux ; — son amour filial enfin : telle
de ses lettres, écrite de sa prison à sa famille
quelques jours avant son supplice, est remarquable à ce point de vue et arrache des larmes.
M. Meynadier, dans l'intéressante monographie
qu'il a consacrée à Pierre Durand, a donc raison
de dire que Desubas « a, parmi nous, une re-
nommée dont il est bien digne d'ailleurs par sa
piété, son dévouement et ses talents (1). »
Mais la plupart n'admirent-ils pas Desubas de
confiance, pour ainsi dire, et sans le connaî-

____

(1) *Pierre Durand, pasteur du Désert et martyr*, p. 10.

tre ? Que dis-je ? en dehors du Vivarais, le plus
grand nombre de nos coreligionnaires n'ignorent-
ils pas entièrement son nom et son existence ?
Il m'a donc paru utile et opportun de recueil-
lir les traits épars de son histoire et de ne pas
laisser perdre les leçons d'héroïsme et de fidélité
chrétienne que renferme une si belle vie.

Le succès a couronné mes recherches. Sans
parler des écrits du temps où j'ai pu glaner
plus d'un fait intéressant, les archives particulières et publiques me réservaient une riche
moisson. M. le pasteur Lebrat, de Roubaix, arrière-petit-neveu du martyr, a bien voulu mettre à ma disposition ce qui reste des papiers de
Desubas, précieuses reliques du passé. A son
tour, M. le pasteur Bastide, de Saint-Pargoire,
a dépouillé à mon intention le volumineux dossier de Desubas, conservé aux archives de l'Hérault. Grâce à l'obligeance de ces amis que je
tiens à remercier ici publiquement, et de plusieurs autres, j'ai pu rassembler un nombre
considérable de documents inédits sur le martyr de Vernoux. On aurait pu les grouper avec
plus d'art et de méthode, non avec plus de
zèle et de pieuse admiration pour nos ancêtres.
Puisse du moins cette biographie de Desubas,
malgré ses lacunes, se frayer un chemin dans

les familles protestantes et faire revivre, dans le cœur des enfants dégénérés, la piété et la fidélité des pères ! J'ose à peine espérer qu'elle pénétrera dans un cercle plus étendu ; et pourtant, catholiques et libres-penseurs ne trouveraient ils pas quelque profit à contempler, en même temps que le tableau des maux sans nombre que l'intolérance peut enfanter, les fruits bénis de cet Evangile de paix que notre patrie repousse depuis si longtemps et dont elle a besoin à cette heure plus que jamais ?

DESUBAS

SON MINISTÈRE, SON MARTYRE

(1720-1746)

CHAPITRE PREMIER.

PREMIÈRES ÉTUDES.

La famille de Desubas. — Il est baptisé par un prêtre. — Précoces dispositions pour le saint ministère. — Dunière et Boyer lui donnent des leçons. — Lettre de ce dernier datée de Lausanne. — Lettres de Blachon et de Dunière à Desubas. — Ils l'initient à leurs travaux et l'encouragent. — Desubas est reçu prédicateur.

A six kilomètres environ de Vernoux, au quartier des Ubas (1), s'abrite au pied d'une colline,

(1) On donne ce nom, dans le Midi, au versant de la montagne qui regarde le nord et celui de Ladreyt au versant opposé. Matthieu Majal prit, de bonne heure, le surnom de Desubas sous lequel il est surtout connu et par lequel nous le désignerons.

au milieu de bois et de prairies, une maison
isolée de modeste apparence. Elle ne se compose
que de deux pièces, une cuisine aux murs noircis par la fumée et dont on peut toucher le plafond
avec la main, et une petite chambre à l'étroite
fenêtre. C'est là que naquit Matthieu Majal, le
28 février 1720. Le nom de son père était Jacques Majal et celui de sa mère Marie Chapon.
C'étaient d'humbles propriétaires qui cultivaient
le petit domaine hérité de leurs ancêtres. Deux
enfants embellissaient déjà leur foyer : une fille
aînée, Isabeau, et un fils, Jean-Pierre. Isabeau
avait onze ans et Jean-Pierre huit. Le jeune
Matthieu fut le troisième. Deux autres devaient
plus tard accroître cette famille.

Desubas vint au monde en un temps singu-
lièrement difficile. Deux ans s'étaient à peine
écoulés depuis que la tête d'Abraham Mazel, l'un
des derniers chefs camisards, avait été exposée à
Vernoux, et l'on ne s'étonnera pas qu'en l'absence de tout ministère régulier le jeune Majal
ait reçu le baptême de la main d'un prêtre.
Cette cérémonie eut lieu cinq jours après sa
naissance, le 4 mars, dans l'église de la paroisse, et fut présidée par le vicaire Delichères.
Le parrain de l'enfant s'appelait Jean Vincent,
et il eut pour marraine Louise de Sainte-Aggrève

qui, malgré sa noblesse, ne put mettre sa signature au bas de l'acte (1).

Les parents de Desubas étaient donc, comme on s'exprimait alors, des *nouveaux convertis*. Mais, s'ils faisaient quelques actes forcés de catholicisme, il est bien probable que le soir, quand ils se croyaient à l'abri des visiteurs importuns, ils tiraient leur Bible de sa cachette et se groupaient autour du saint livre, pour y puiser les consolations dont ils avaient besoin. Ils assistaient aux rares assemblées religieuses qui se tenaient dans les environs et recevaient de temps en temps la visite de Pierre Durand et de ses premiers collaborateurs qui, à cette époque, commencèrent à parcourir le Vivarais. Ce fut grâce à l'influence chrétienne de ces hommes de Dieu que le cœur du jeune Majal s'ouvrit à la piété. Il n'avait que douze ans quand Durand, arrêté au bois de Vaussèche, à une faible distance des Ubas, souffrit courageusement le martyre à Montpellier. On parla souvent, chez les Majal, de la mort héroïque et de la fidélité du confesseur. Mais ce tragique évènement, bien loin d'épouvanter le jeune Vivaraisien, ne fit qu'éveiller en

(1) Archives de Vernoux. Renseignements communiqués par M. Paul de Magnin.

lui la vocation du martyre. Dès l'âge de quatorze ans, nous le voyons étudier avec soin en vue du saint ministère. Les temps étaient toujours sérieux. En 1735 une assemblée fut surprise dans la paroisse de Bruzac, et les époux Fiales, dont le livre récent de M. Lombard fait revivre le souvenir (1), furent conduits dans la citadelle du Pont-Saint-Esprit, en attendant qu'on condamnât Isabeau Menet à la réclusion dans la tour de Constance et son mari aux galères perpétuelles. L'année suivante, on opéra d'autres arrestations dont le dossier existe aux archives de Montpellier (2). Mais rien ne rebuta le jeune Matthieu. Il reçut quelque temps des leçons du proposant Dunière dit Lacombe, puis il passa sous la direction du pasteur Boyer. Cet homme instruit, qui était sorti du séminaire de Lausanne en 1734, enseignait les éléments du latin aux jeunes gens pieux, chez lesquels on découvrait des dispositions pour le saint ministère. « Etudiez toujours du mieux qu'il vous sera possible, » écrivait-il le 28 octobre 1736 à Desubas, « et conduisez-vous sagement. Il n'y a

(1) *Isabeau Menet, prisonnière à la tour de Constance.* Genève, 1873.

(2) Lettres de Cour, n° 118.

pas d'apparence que je puisse aller à la foire du
Puy. Si vous pouvez y aller, vous achèterez,
comme j'eus l'honneur de vous dire, le *Testa-
mentum latinum* et Cornélius Népos en français.
Je continue à prier le Seigneur pour la réussite
de tous vos pieux desseins (1). »

Malheureusement Desubas ne profita pas
longtemps des lumières de ce pasteur. Boyer se
vit obligé, pour raison de santé, de renoncer au
pénible service des Eglises sous la Croix. Ce
n'est pas sans peine que ses collègues le virent
partir. Ils alléguaient « qu'il était très propre
à l'instruction et que leurs jeunes gens per-
draient beaucoup en le perdant. » Mais, cédant
à ses instances, ils lui accordèrent sa demande
en lui rendant le témoignage « que sa doctrine
était très saine et ses mœurs très édifiantes et
qu'il s'était toujours acquitté des fonctions du
saint ministère avec beaucoup de succès et
d'approbation (2). »

Boyer se retira à Lausanne ; mais il continua,
de là, auprès de Desubas « son cher disciple, »
comme il l'appelle, son rôle de précepteur :
« ... Je viens, » lui écrivait-il le 21 septembre

(1) Papiers Lebrat.
(2) Recueil de La Voulte.

1737, « de parler, il n'y a qu'un moment, avec M. Peirot, et nous avons raisonné sur vos études touchant le latin. Nous sommes d'avis que vous repassiez, mais le plus exactement qu'il vous sera possible, tous les auteurs que je fis avec vous et en particulier les fables de Phèdre et Cornélius, qui sont de très bons auteurs. Vous ne feriez pas mal d'apprendre par cœur, dans ces livres, un bon nombre de phrases dont vous auriez découvert le sens. Les conseils que donnent les connaisseurs de cette langue varient beaucoup, mais tous s'accordent presque sur ceci : c'est qu'il vaut mieux ne pas tant faire des auteurs et les faire bien... Quand je vous conseille de vous appliquer à ces auteurs, je n'entends pas que vous négligiez M. Grotius et M. Turretin. Vous ferez très bien de les expliquer et de bien entrer dans leurs idées, si vous pouvez. Par ce moyen, vous ne négligerez pas votre latin et vous ferez en même temps des progrès dans la théologie. Vous ne feriez pas mal, je pense, de traduire les thèses de M. Turretin que je vous laissai et de nous envoyer votre traduction en menu caractère. Nous nous ferions un véritable plaisir de vous envoyer nos remarques et de vous donner le sens de ce que vous n'auriez pas entendu. Je vous conseillerais aussi de lire quelques livres français bien écrits, pour faire aussi des progrès dans notre langue. Dans cette lecture, il faudrait faire attention aux tours de phrases et vous demander à vous-même comment vous pourriez exprimer telle et telle pensée de l'auteur d'une manière claire, élégante, agréable, jolie, — si je puis parler ainsi, — et propre à la faire passer dans l'esprit d'un auditeur délicat. »

Après lui avoir donné ces directions pour ces études et lui avoir surtout recommandé, avec soin, d'avoir toujours sur lui son Testament latin afin d'en apprendre par cœur de beaux passages, Boyer continue par des encouragements : « Soyez, au reste, tranquille, content, gai et que le désir de faire des progrès ne soit pas trop grand pour qu'il vous cause des inquiétudes. Vous êtes encore jeune ; vous avez déjà une teinture de la langue latine et de la théologie ; vous avez des dispositions, de la santé. Avec le temps, vous aurez des secours de ces messieurs qui sont ici, qui se feront un plaisir, je m'assure, de vous être utile. Tout cela me persuade que vous parviendrez, s'il plaît au Seigneur, au but que vous vous proposez. C'est aussi ce que je souhaite de tout mon cœur. Si vous aviez occasion de voir M. Duv[ernet] (1) ou plutôt si vous pouviez aller quelque temps avec lui, il serait fort à propos que vous apprissiez un peu de géographie. Elle est utile pour entendre les auteurs latins historiques. »

Boyer engage ensuite son jeune correspondant « à prendre toutes les mesures imaginables pour qu'il ne lui arrive aucun mal dans les tristes conjonctures où il est placé; » puis ce fidèle pasteur l'exhorte à regarder sans cesse à Jésus-Christ, le chef et le consommateur de la foi, et il termine sa lettre en glorifiant, en quelques paroles émues, la grandeur et la beauté du ministère évangélique (2).

Boyer n'était pas le seul correspondant que Desubas eût à Lausanne. Au mois de mars, de l'année suivante, il reçut une lettre de Blachon, l'un de ses condisciples qui venait d'arriver au séminaire. Lui aussi lui donne des encouragements, en même temps qu'il entre dans le détail complaisant de ses études. « Il n'y a qu'environ un mois, » lui disait-il, « que je suis arrivé

(1) Nom de guerre du pasteur Morel.

(2) Papiers Lebrat. Voici la suscription de cette lettre qui ne parvint à son adresse que le 21 octobre, trois mois après qu'elle fut écrite : « A Monsieur Desubas, marchand, à sa campagne. »

dans cette ville. Je fis mon voyage fort heureusement... Je me trouve assez bien dans ce pays.
Je jouis d'une santé parfaite. J'étudie le latin tant
que je puis, mais je vous avoue que je n'y fais
que peu de progrès. J'avais presque tout oublié
quand je fus ici. M. Lacombe, un des messieurs
du Languedoc et moi, nous avons deux leçons
par jour : l'une dans les thèses de Turretin,
l'autre dans l'histoire de Trogue-Pompée, par
Justin. Je n'espère pas, comme je l'ai dit souvent, faire de grandes études au latin, parce
que cela n'est que fort peu nécessaire, et d'ailleurs aucun de nos amis d'ici ne le juge à propos. Ne vous découragez pas, cependant, pour
cela. Je crois, soit dit entre vous et moi, que
bientôt M. P[eirot] ira dans le V[ivarais], et il
pourra vous l'enseigner. En attendant, vous
ferez bien de vous appliquer le mieux que vous
pourrez. J'ai entendu dire à bien des personnes,
qui savent un peu ce que c'est qu'on peut fort
bien étudier sans précepteur. Si vous aviez besoin de quelque conseil pour quoi que ce soit
et que je *fus* en état de vous en donner, ce serait avec bien du plaisir que je vous dirais mon
sentiment. Lorsque j'aurai occasion de vous
écrire, si j'ai quelque bonne analyse, je vous
l'enverrai. ...Nos Messieurs d'ici se portent

bien ; ils me chargent de vous saluer. M. Dub[os] (1) est toujours le même par rapport à sa santé ; il n'a point encore trouvé d'Eglise. Il vous salue bien et il vous prie de faire savoir de ses nouvelles à ses gens. Je fais bien des vœux en votre faveur et pour la réussite de toutes vos louables entreprises (2). »

Un mois après, Desubas recevait une nouvelle lettre de Lausanne. Elle n'est pas signée, mais nous avons tout lieu de croire qu'elle est de Dunière. S'il ne lui a pas écrit plus tôt, c'est par affection : cela semble paradoxal, ce n'est pourtant que l'exacte vérité. Il voulait envoyer un sermon à son ami, mais il n'en trouve point qui puisse lui convenir. Un proposant de sa connaissance en a, sans doute, un fort bon sur ce texte : *Le monde passe et sa convoitise, mais celui qui fait la volonté de Dieu demeure éternellement* (1 Jean, II, 17). Un autre en a fait un excellent sur le verset 17 du premier chapitre de la première épître de saint Pierre, et tous les deux les prêteraient volontiers, mais il attendra, pour les envoyer, une réponse de Desubas.

(1) C'était le nom de guerre de Boyer, le maître de Desubas. Il mourut à Berne en 1740.

(2) Lettre du 24 février 1738. Papiers Lebrat. Elle est signée : un J. B. (un gibet ?).

Puis viennent, par une transition naturelle,
des détails sur ses propres études : « Je vous
dirai en deux mots mes occupations. Tous les
jours j'ai une leçon pour le latin. On m'explique présentement les épîtres familières de Cicé-
ron et je traduis une dizaine de versets du Nouveau Testament du français en latin. Je fais ça
de vive voix, sans l'écrire. Tous les lundis nous
allons, MM. Blachon, Roux, François, — les deux
derniers sont du Languedoc, — et moi, chez un
monsieur qui fait l'examen d'un discours que
nous faisons tour à tour sur le Symbole des
apôtres. Le jeudi nous allons à une catéchèse
de M. le P. P. (le Professeur Polier). Le même
jour nous allons à une société de Messieurs, où
l'on critique et où l'on explique les thèses de
M. Turretin. Tous les jours, depuis 11 heures
jusqu'à midi, nous allons chez M. P. pour expliquer les mêmes thèses. Deux fois de la semaine,
savoir le mercredi et le samedi, nous nous assemblons tous pour expliquer l'évangile selon
saint Jean (1). Outre cela, nous allons de temps
en temps aux leçons de théologie et régulière-

(1) C'est donc à tort que M. Douen, dans son article sur les
Eglises du Désert (*Encyclopédie des sciences religieuses*, t. III,
p. 688), dit que le latin et le grec ne furent enseignés au séminaire de Lausanne qu'à partir de 1746.

ment à celles de logique. Après cela, viennent les prêches et les catéchismes où nous assistons autant qu'il nous est possible, et, pour tout dire en un mot, nous avons plutôt trop d'occupations que trop peu. »

Sa santé souffre bien un peu de cette accumulation de travail, mais ce qu'il y a de plus malade encore chez lui, c'est la bourse. Non seulement elle est vide, mais, qui plus est, il doit presque deux cents livres, argent de France. Il s'est bien adresse aux Eglises du Vivarais par l'intermédiaire de M. Lassagne ; mais il n'a rien reçu. Il prie donc Desubas de lui vendre au plus tôt une montre qu'il lui a confiée. Mais il oublie vite ces désagréments, et pour montrer à Desubas qu'il profite bien de ses leçons d'homilétique, il lui adresse, en terminant, de fraternelles exhortations. « Permettez-moi, monsieur et très cher ami, de vous dire librement ma pensée. Vous ne devez rien négliger pour étudier pendant que vous êtes jeune. Il vous en reviendra plusieurs avantages. D'un côté, vous ferez des progrès dans l'étude de la religion, ce qui vous fera plaisir et honneur; et de l'autre côté, tandis que vous vous occuperez, vous vous détournerez du mal, car l'oisiveté est la source d'une infinité de désordres. J'ajoute que si vous vous accoutumez à la dissipation, dans la suite vous aurez toutes les peines du monde à fixer votre attention. C'est pour avoir négligé le conseil que je vous donne que j'essuie tous les jours mille désagréments et que je serai toute ma vie un ignorant.

» Prenez garde surtout de vous conduire toujours d'une manière irréprochable. Dans l'état où sont nos Eglises, on ne peut produire que peu de fruit, si l'on n'est pas en bon exemple. Voici trois grands motifs que vous ne devez jamais perdre de vue, pour vous exciter à la piété : 1º En qualité de chrétiens, nous sommes tous appelés à vivre saintement ; 2º en qualité de prédicateur de l'Evangile, vous devez vous conduire plus chrétiennement qu'un particulier, parce que vous avez plus de connaissance et que vous êtes appelé à donner bon exemple à ceux que vous enseignez ; 3º en qualité de prédicateur sous la Croix, vous êtes à tout moment exposé à être pris, par exemple exposé à mourir. Cela ne vous porterait-il pas à veiller et à vous tenir toujours prêt à rendre compte de votre administration ? Vous avez trop de bon sens pour ne sentir pas ce que je vous dis.

» Je vous recommande encore de prendre bien soin de votre santé. Vous êtes d'un tempérament un peu délicat. Vous avez besoin de ménagement. Ne faites point d'excès; vivez sobrement et joyeusement. C'est le véritable moyen de vous porter bien. De reste, je fais mille vœux pour votre conservation et pour votre avancement dans la connaissance de la religion... » et il lui transmettait en terminant les salutations de Dubos, Peirot et Blachon (1).

On pardonnera, je l'espère, la longueur de ces citations, en faveur de l'intérêt qu'elles présentent. Me trompé-je? mais il me semble que ces lointains échos du séminaire de Lausanne ont un charme particulier. Non seulement ils renferment des détails peu connus et du plus grand intérêt sur les études des futurs pasteurs du Désert ; non seulement il font aimer Desubas, en montrant la tendre affection que lui témoignent ses condisciples; mais cette correspondance révèle encore, chez ces nobles jeunes gens, un viril espoir, un saint enthousiasme pour leur périlleuse vocation. Une foi sûre d'elle-même les anime : elle expliquera leur activité future et les succès qui la couron-

(1) Lettre du 5 avril 1738. Papiers Lebrat.

neront. Ce n'est pas en vue de vains lauriers
académiques qu'ils travaillent de si grand courage ; c'est pour obtenir ce certificat d'études,
dont le nom significatif qu'ils lui donnent, un
brevet de potence, se réalisera pour plus d'un.

Desubas profita des conseils affectueux que
ses amis lui prodiguaient. Il fit des progrès rapi-
des dans l'étude de la parole de Dieu et, quelques
jours après la lettre qu'on vient de lire, le synode
du 30 avril 1730 le reçut en ces termes, avec un
de ses amis, dans le corps des prédicateurs :

« MM. Pierre Pelissier et Matthieu Majal
s'étant présentés, pour être reçus prédicateurs
dans nos Eglises, la compagnie a procédé à l'examen de leurs lumières et de leurs mœurs et,
ayant été édifiée de l'une et de l'autre, leur a
donné le pouvoir de prêcher la parole de Dieu et
d'exercer la discipline ecclésiastique, sans toucher aux sacrements jusqu'à une plus ample
vocation ; priant Dieu qu'il augmente de plus en
plus leurs connaissances et qu'il verse abon-
damment sur eux les grâces de son Esprit, afin
que leurs travaux soient fructueux et réussissent
à la gloire de Dieu et à l'édification de son
Eglise (1). »

(1) Recueil de La Voulte.

CHAPITRE II.

DESUBAS PRÉDICATEUR.

Les ouvriers de la province. — Desubas reçoit deux lettres de
Morel. — Arrestation de ce pasteur à Lamastre. — Il suc-
combe à ses blessures. — Son neveu est condamné aux galères. — Arrestation et meurtre de Lassagne. — On fait le
procès à la mémoire des deux martyrs. — La discipline est
remise en vigueur. — Départ de Desubas pour Lausanne.

Voilà donc le jeune Desubas initié de bonne
heure à cette vie de renoncement et de fatigue,
l'ordinaire apanage du prédicateur sous la Croix.
« Quelle destinée, » s'écrie M. Jules Bonnet, « que
celle d'un ministre de l'Evangile en ces temps
à la fois néfastes et bénis ! Le mystère l'accompagne, le péril le suit, la mort l'attend. Il le
sait et d'avance il a sacrifié sa vie. La de-
vise de l'Apôtre est la sienne : S'il m'est avan-
tageux de vivre dans ce corps... je ne sais. Je

puis tout par Christ qui me fortifie (1). » Desubas travailla, à côté des pasteurs du Vivarais,
à relever les ruines de la Sion protestante. Ils
étaient peu nombreux, mais ils rachetaient leur
insuffisance numérique par un zèle qui doublait
leurs forces. Leur doyen d'âge était Chabrières
dit Brunel. Ouvrier de la première heure, il avait,
en 1716, accompagné Roger dans le Languedoc et conduit, quelque temps après, le jeune
Durand à cet apôtre du Dauphiné. Un certificat,
délivré par le synode du 14 septembre 1726,
lui rend ce beau témoignage : « qu'il a proposé
la parole de Dieu aux Eglises réformées et per-
sécutées du Vivarais, avant et après l'établis-
sement de la sainte et sacrée discipline qui
s'observe parmi nous, avec bien de zèle et d'édification (2). » A côté de lui travaillaient avec zèle
les deux Fauriel, nés à Silhac près de Vernoux,
dont l'aîné, surnommé Lassagne, évangélisait
depuis longtemps le Vivarais. Dès 1723, il était
à l'œuvre sans titre officiel. Le synode du
14 septembre 1726, « satisfait de son examen
et des services qu'il avait rendus à l'Eglise sous
la vocation provisionnelle qu'on lui avait ci-

____

(1) *Nouveaux récits du seizième siècle*, p. 285.
(2) *Bulletin du protestantisme*, t. I, p. 243.

devant adressée, » lui donna le pouvoir de prêcher la parole de Dieu et d'exercer la discipline. Plus tard il fut consacré, et, après la mort de Durand, il présida sept fois de suite les synodes de sa province. Son frère Ladreyt avait aussi étudié à Lausanne avant de le rejoindre dans le Vivarais. Ensuite venaient Morel dit Duvernet, consacré à Lausanne le 12 novembre 1736, et Coste et Gounon, qui n'étaient encore que prédicateurs.

Desubas se mit à l'œuvre avec courage, et ces hommes dévoués reconnurent bientôt que Dieu leur avait donné dans le jeune prédicateur un collaborateur aussi zélé qu'intelligent. Ils l'entouraient d'affection et l'encourageaient de leurs conseils. On a vu que Boyer, dans la longue lettre qu'il lui écrivit de Lausanne, lui conseillait de prendre quelques leçons de Morel. Ce dernier s'y prêta volontiers, et nous avons de lui une lettre qu'il écrivit à son jeune ami, des montagnes du Velay, et qui montre toute la sollicitude qu'il lui portait. « Le 8 juillet, votre lettre du 27 juin me fut rendue, et me fit véritablement plaisir. Je vous sais bon gré et vous rends grâce des particularités dont vous me faites part. Les remerciements qu'il vous plaît de me faire valent plus que tout ce que j'ai fait

pour vous. Mais je vous prie de croire que personne n'est plus disposé que je le suis à vous
faire plaisir et à concourir à faire réussir vos
bons desseins. Je n'ai pas fait le sermon que
vous me demandez, soit parce que, comme je
pense, vous pouvez vous en passer jusqu'à la
Saint-Michel, soit parce que la lecture du premier, dont les idées ne sont plus présentes à
mon esprit, est nécessaire pour travailler au
second. Ainsi j'attends jusqu'à notre première
entrevue. Je continue à vous conseiller de bien
lire l'Ecriture ; vous vous en trouverez bien.
M. Dubesset (1) et moi nous lisons depuis longtemps, régulièrement, trois chapitres par jour
et nous ne nous négligeons sur ce point que le
moins que nous pouvons... Il n'y a rien de
nouveau dans ces hautes régions ; toutes choses
y subsistent de la même manière que dès le
commencement. Je languis dans l'attente d'avoir
l'honneur de vous voir (2). »

Une autre lettre de Morel, sans date, mais
évidemment de la même époque, entretient
Desubas de la prochaine convocation d'un
synode et nous initie aux difficultés qu'il fal-

(1) Nom de guerre de Pelissier.
(2) Papiers Lebrat.

lait surmonter pour réunir ces assemblées :
« M. Costé, qui vous salue, vous envoie son che-
val pour vous porter jusqu'ici, si vous avez le
courage de monter aujourd'hui. On ne nous
accorda point, pour la foire, la place que nous
demandâmes hier. Ayez la bonté de demander
la maison de votre hôte pour cela. Qu'il l'accorde ou non, passez au Coulet et conférez
avec ces Messieurs qui doivent y être arrivés ;
et si besoin est, ayez soin, tous ensemble, de
demander une place et de nous le faire savoir ;
car, si vous n'en trouvez point, j'en chercherai
et j'en trouverai une autre ailleurs. Je désire
que vous tâchiez de monter aujourd'hui, si vous
le pouvez. Si, pourtant, vous vous trouvez trop
indisposé, vous ferez bien d'attendre jusqu'à
demain. Quoi qu'il en soit, il me fera plaisir que
vous soyez avec moi quelque temps encore,
avant la tenue de la foire, et il est nécessaire
d'ailleurs que vous soyez dans votre quartier
pour avertir ceux qu'il appartiendra. Je vous
souhaite de tout mon cœur un heureux et
prompt rétablissement (1). »

Morel dit Duvernet était un homme d'un
zèle infatigable et d'un courage à toute épreuve.

(1) Papiers Lebrat.

« Il a laissé dans le Vivarais des souvenirs encore vivants, » dit M. Lebrat dans une note manuscrite que nous avons sous les yeux. « Il avait un grand courage et déployait une incroyable activité, étant jour et nuit en voyage... Il encourageait lui-même ceux qui le guidaient à travers les montagnes, soit à surmonter les fatigues, soit à ne pas trembler devant les dangers qui les menaçaient. » Tout cela le rendait fort dangereux ; aussi le recherchait-on avec une activité que le succès couronna. Au mois de février 1739, il fut arrêté chez une femme de Lamastre, Louise Peiron, avec son neveu Matthieu Morel, qu'il préparait au saint ministère. Ils furent assitôt liés et enfermés provisoirement dans l'hospice des Jésuites à Machevillier. Le lendemain, les paysans qui les avaient arrêtés les condusirent à Tournon. En chemin, ils s'arrêtèrent à Colombier-le-Jeune, et, pendant qu'ils entraient dans un cabaret, Duvernet prit un couteau, coupa la corde qui le tenait enchaîné et s'enfuit ; mais il n'avait pas fait quelques pas que ces paysans, commandés par M. Durbillac, firent feu sur lui et le blessèrent à la tête, à l'épaule et aux reins. Il ne resta pas sur le coup. Il eut encore le temps de pardonner à ses bourreaux et de recommander son âme à Dieu. Dès qu'il eut expiré, on porta son corps à Tournon, où on l'ensevelit au pied d'une croix, au bord du Rhône, avec un chien qui lui servit de chevet, en disant qu'il aurait de quoi manger et boire; et la lettre qui nous fournit ces détails se termine par cette remarque significative : « Personne n'est en sûreté dans ce pays. Il ne faut que vouloir mal à une personne et la tuer, puis dire : C'est un ministre (1). »

La femme coupable d'avoir recueilli chez elle un pasteur fut enfermée dans la tour de Constance. Quant au jeune Matthieu Morel, un adolescent de quinze ans, il fut condamné aux galères perpétuelles par Bernage, intendant du Languedoc, le 8 février 1740, « pour avoir suivi son oncle, M. Morel, ministre. » Il ne fut libéré qu'en 1761.

Après Morel vint le tour de Lassagne. La maréchaussée était depuis longtemps à sa poursuite : « J'ai pris toutes les mesures qui conviennent pour surprendre Lassagne, s'il est possible, » écrivait, en 1732, La Devèze à Bernage. « Il est sûr qu'il passa le Rhône lors de la capture de son maître (Durand), et l'on m'a assuré qu'il avait été à Genève. Je n'oublierai

____

(1) Lettre de Mme Chatelan à Etienne Chiron, du 13 mars 1739, communiquée par M. Arnaud.

rien de ce qui peut le regarder (1). » Pendant
sept ans, le courageux pasteur put se dérober
à toutes les recherches ; mais, peu après le
meurtre de Morel, il tomba, lui aussi, entre les
mains des ennemis de l'Evangile. Il venait de
présider une assemblée près de Chalancon et
devait passer la nuit au domaine de Bonnet,
paroisse de Saint-Félix-de-Châteauneuf, chez un
procureur nommé Espinas, parent de Desubas.
Le prieur de l'endroit, Debots, détestait les
pasteurs et s'était déjà signalé dans l'arrestation de Durand. Informé de la présence de Fauriel, il court avertir le détachement de Vernoux
et se met à sa tête. Fauriel, pris à l'improviste,
n'a que le temps de se blottir derrière la chemi-
née. On l'y découvre et on le somme de se rendre. Comme il refusait, le prieur lui fracassa
la jambe d'un coup de fusil. Le pasteur ne reçut
pas les soins que réclamait son état et il mourut,
avant d'arriver à Montpellier, des suites de sa blessure. Sa femme, enceinte de six mois, fut arrê-
tée. Espinas, qui l'avait reçu chez lui, fut condamné aux galères perpétuelles par jugement
du 9 février 1740 (2). Plus tard la veuve du

(1) J.-L. Meynadier, *Pierre Durand, pasteur du Désert et martyr*, p. 63.
(2) Il ne fut libéré qu'en janvier 1763.

martyr, mise en liberté, se réfugia à Lausanne, où Desubas devait la retrouver. On condamna encore deux protestants, Paul Escoulens et Anne Lapra, à être enfermés dans la tour de Constance, pour avoir eu des relations avec Lassagne, et, en même temps qu'on frappait d'une amende de 3,000 livres les non-catholiques de l'arrondissement où s'était tenue l'assemblée, on fit le procès à la mémoire des deux pasteurs martyrs (1).

Les délibérations synodales ne portent aucune trace de ces tragiques évènements. Comme les soldats, qui serrent leurs rangs quand l'ennemi les décime, les prédicateurs qui restaient se groupèrent en silence autour de la Croix, en se promettant d'être, à leur tour, fidèles jusqu'à la mort. Desubas prit part aux différents synodes qui se tinrent à cette époque. Celui du 20 avril 1739, où se trouvait encore Lassagne qui le présida, prononça l'excommunication contre une femme qui avait quitté son mari. A celui de l'automne suivant, où manquait Lassagne, on releva avec soin le droit qu'avaient les prédicateurs d'exercer la discipline. Il était tombé en désuétude « parce que, » disent les membres du synode,

____

(1) **Archives de l'Hérault**, C. 207, liasse.

« nous avions, ci-devant, une quantité suffi-
sante de pasteurs. » Hélas ! deux sur trois venaient de leur être enlevés en quelques semaines. Il ne restait plus, pour remplir toutes les
fonctions du saint ministère, que Fauriel dit Ladreyt. Aussi affirma-t-on de nouveau le droit
des prédicateurs de censurer, de reprendre et
de retrancher du corps de l'Eglise tous ceux
qui la déshonoraient, et, afin que nul n'en igno-
rât, on décida que cet article serait publié dans
toutes les Eglises soumises aux règlements,
« afin qu'à l'avenir messieurs les prédicateurs
ne se fassent aucune peine de s'acquitter, même
à la rigueur, des fonctions de leur charge, si
la nécessité leur en est imposée (1). » Mesure
sévère mais indispensable. Pour parer à toutes
les éventualités, il fallait que l'autorité du synode fût pleinement reconnue et que la discipline s'exerçât sans entraves. A cette époque,
un prédicant de la Montagne, nommé Jacques
Guilhot, continuait, malgré la défense du synode, à bénir des mariages et à baptiser des enfants. On le menaça, en cas de récidive, de le
retrancher de la cène, et la même peine fut
prononcée contre ceux qui avaient réclamé

_____

(1) Synode du 17 octobre 1739. Recueil de La Voulte.

son ministère « jusqu'à ce qu'ils eussent donné des marques sincères d'une véritable repentance. »

Au reste, le corps pastoral allait recevoir de nouvelles recrues. Peirot, consacré à Lausanne le 27 juillet 1739, se préparait à rentrer dans sa province natale. Deux candidats se présentèrent pour le remplacer au séminaire : Antoine Gounon dit Pradon et Desubas. Le synode du 11 avril 1740 leur accorda l'autorisation demandée. Voici comment il s'exprima au sujet du second : « Monsieur Matthieu Majal dit Desubas, prédicateur de nos Eglises, ayant demandé son congé pour aller perfectionner ses connaissances dans le pays étranger, la compagnie lui accorde sa demande, persuadée qu'il viendra exercer son ministère parmi nous, lorsqu'il aura acquis les connaissances nécessaires pour s'en acquitter (1). » C'est ainsi que la perspective de partager un jour le sort de Morel et de Fauriel ne l'effraya point. Il séjourna cinq mois encore dans le Vivarais, puis, ayant fait ses préparatifs, il partit le 22 septembre ; le 29, il quittait le Dauphiné ; le 4 octobre, il était à Genève, et le 13, il touchait au but de son voyage.

(1) Synode du 17 octobre 1789. Recueil de La Voulte.

CHAPITRE III.

SÉJOUR A LAUSANNE.

Lausanne joue un rôle important dans l'histoire des Eglises réformées de France au dix-
huitième siècle. C'est là que s'était fondée, grâce
à l'initiative d'Antoine Court, « cette étrange
école de la mort, » pour parler avec Michelet,
« qui, défendant l'exaltation, dans un modeste
prosaïsme, sans se lasser envoyait des martyrs

et alimentait l'échafaud (1). » Les jeunes gens, qu'une irrésistible vocation arrachait à la charrue ou à l'atelier, après avoir tenu quelque temps le Désert, s'y rendaient avec empressement, pour prendre quelque teinture des sciences théologiques. La cité du Léman leur réservait un accueil hospitalier. Ils étaient logés, moyennant une pension modique, dans des familles protestantes, quelquefois même chez des réfugiés; et des professeurs de l'Académie, dont le plus connu est Georges Polier, leur donnaient des leçons dans une chambre haute qui existe encore près de la cathédrale. On a vu l'entrain qu'ils mettaient à leurs études. Ils avaient beaucoup à faire pour compléter l'instruction si insuffisante du Désert. Les étudiants de l'Académie, fils des bonnes familles du pays de Vaud, n'avaient que peu de relations avec ces provinciaux de France, dont la démarche gauche et les habits d'étoffe grossière prêtaient au ridicule; mais qui les regardait de près ne pouvait s'empêcher de les admirer, car ces jeunes hommes illettrés, mais studieux, n'avaient qu'une ambition : sauver de la ruine leurs chères Eglises, fût-ce au prix du martyre.

______

(1) *Histoire de France, Louis XV*, p. 72.

Desubas passa près de trois ans au séminaire, d'octobre 1740 à juillet 1743. De la correspondance qu'il entretint pendant ce temps avec sa famille, il ne reste que trois lettres (1) ; mais elles suffisent pour nous montrer en lui un fils respectueux et un étudiant appliqué. Elles nous initient, en outre, à tous les ennuis que lui faisaient éprouver l'état précaire de sa santé et l'insuffisance de ses ressources. La première est adressée à son père et datée du 22 janvier 1741. Après avoir exprimé à ses parents, au début d'une année nouvelle, tous les vœux qui remplissent son cœur et qu'il résume en ces mots : « Dieu veuille que nous puissions voir des jours plus tranquiles et plus heureux que ceux que nous avons vus depuis un assez long-tems ! » Desubas se plaint de leur silence.

« Je vous dirai, mon cher père, que j'ai langui et que je languis toujours extrêmement d'aprendre de vos chères nouvelles ; en efet, quoi de plus afligeant pour moy que de ne pas savoir quel est votre état et votre situation. Il y a déjà cinq mois que je n'ai presque réçu aucune nouvelle de votre part. Jugés, après

____

(1) Elles sont autographes et se trouvent dans les papiers Lebrat.

cella, mon cher père, si je n'ai pas bien lieu d'être inquiet sur vôtre sujet ; il faudroit que j'eusse perdu tout amour et toute reconnaissance envers vous. Je n'ai pas pû savoir si vous avés réçu la lettre que je vous écrivis, d'abord que je fus arrivé dans ce païs. Si vous ne l'avés pas réçue, je ne suis pas surpris que vous ne m'ayés pas fait le plaisir de me répondre. Mais si vous l'avés réçue, je suis bien surpris de ce que vous ne m'avés rien répondu, car je vous avois donné mon adresse, ce qui ne m'a de rien servi. Si mon cher frère aîné, de même que les autres, ne savoit pas écrire, je croirois que vous ne trouvés personne pour m'écrire ; mais, béni soit Dieu, ils savent écrire et ainsi ils auroient bien pû me donner de vos chères nouvelles et de toute la famille en général. J'espère, mon cher père, que, d'abord que vous aurés réçu cette lettre que je vous écris à présent, vous me ferés l'honneur de m'écrire, pour me tirer de l'inquiétude où je suis sur votre sujet. »

Desubas donne ensuite à ses parents quelques détails sur sa santé et ses occupations : « Je pense, mon cher père, que vous serés bien aise de savoir en détail quel est mon état. Présentement je me porte bien, loué soit le Sei-

gneur ! Jusques à présent, je ne m'étois pas
bien porté. J'ai eu une diarée qui m'a duré
longtems ; j'ai eu la rougeole et avec tout cella
une toux des plus fortes. Les engelures m'ont
aussi fait soufrir pendant quelque tems ; elles
sont cause que je n'ai pas pù porter les souliers
que mon cher frère Jean m'avoit donnés. A présent, grâces à Dieu, tous ces maux m'ont quité.
Je travaille à ma profession autant qu'il m'est
possible ; il n'est pas nécessaire que je vous
dise comment. Tout ce qu'il y a de plus fâcheux pour moy, dans ces circonstances, c'est
de me voir presque sans argent dans ce païs.
Depuis que je suis arrivé ici, j'ai fait considérablement de dépense, quoy que j'aie ménagé
autant qu'il m'a été possible. Mais on a beau
ménager, lorsque les vivres sont si chers comme
ils sont dans ce païs. Nous mangeons le pain
à quatre sols, moins un liard, de France, et, en
general, tout est fort cher. Je vous marquois,
mon très cher père, dans l'autre lettre que je
vous écrivis, de m'envoier environ dix écus. Je
vous assure que j'en aurois bien besoin à présent. Ainsi, si vous pouviés m'envoier quelque
chose, vous me feriés un plaisir infini, car je n'ai
plus rien et je ne tire encore aucune chose pour
mon entretien. J'espère que ce ne sera pas pour

longtems ; toutefois je n'en sçai rien de bien sur.

» Je vous prie très instament, mon cher père, encore de me faire réponse, d'abord que vous aurés réçu ma lettre, de me marquer comment se porte toute notre chère famille, ce que fait ma chère mère, mes frères et sœurs. Je vous prie aussi de m'aprendre comment les afaires y sont, si elles n'ont pas changé de face depuis mon départ. Vous m'aprendrés, s'il vous plait, ce que fait mon frère Jean avec sa femme ; en un mot, s'il est arrivé quelque chose de nouveau, je vous prie de me le faire savoir, car je languis beaucoup d'aprendre votre état : ce sont là, mon très cher père, les graces que je vous demande, avec celle de croire que je suis toujours, avec beaucoup de respect et de soumission,

» Mon très cher père,

» Votre très humble et très obéissant serviteur,

» DESUBAS. »

Cette naïve épitre, que nous avons donnée presque en entier en en respectant l'orthographe, était accompagnée de ce long *post-scriptum* : « Lorsque vous m'écrirés vous adresserés la lettre à Monsieur Marcel, au haut de la Palud, pour rendre à Monsieur Bouveron, son pentionaire, à Lausanne. M. Pradon vous salue bien et son frère aussi. Vous lui dirés qu'il se porte bien. Je demeure toujours avec lui. Mlle Lassagne vous salüe (1). Mlle Marion Boisson, qui est venüe ici en bonne santé, vous salüe aussi; ma cousine l'Espinas (2) en fait de même; elle se porte bien. M. Dubes[set] vous salüe aussi. Je vous prie, mon cher père, de saluer bien de ma part tous mes parens et amis. Je n'en nomme aucun dans ma lettre, parce qu'il n'est pas nécessaire. Vous dirés, s'il vous plait, à mon cousin Marchal, en le saluant de ma part, que je suis bien fâché de lui adresser mes lettres pour vous les faire tenir; mais, comme je n'ai point d'adresse pour vous écrire, je n'ai pas su comment faire pour vous écrire. S'il fait de peine à mon cousin de retirer vos lettres, je vous prie de me donner une adresse qui soit bonne. Adieu, mon cher père, je vous embrasse de tout mon cœur. Vous ne montre- rés pas beaucoup ma lettre, s'il vous plait.

» J'avois oublié de vous dire que Mlle Ma- rion Boisson, de Vernoux, m'avoit donné de vos nouvelles. Elle me dit que vous étiés en

(1) La veuve du martyr.
(1) La femme du galérien.

bonne santé, ce qui me réjouit beaucoup. »

Le 5 mai suivant, François, l'un des frères de Desubas, plus jeune que lui de deux ans (1), lui écrivit à Lausanne. Il s'étonnait que plusieurs lettres adressées à Desubas fussent restées sans réponse, et qu'il n'eût pas accusé réception des dix écus qui lui avaient été expédiés. Desubas lui répondit le 28 : « ... Je vous dirai d'abord, mon cher frère, que j'ai réçu toutes les lettres que mon très cher père m'a fait la grâce de m'envoïer; j'ai reçu de même les dix écus, il y a quelque temps, et ce que vous me dites que vous n'en avés réçu aucune réponse me surprend beaucoup, car j'ai toujours répondu à vos chères lettres, et lorsque j'eus réçu les dix écus, j'écrivis pour en accuser la réception. Ainsi vous voiés par là, mon cher frère, que si vous n'avés point eu de mes nouvelles, cellà ne vient pas de ma faute. »

Son frère lui en donnait de tristes sur l'état du Vivarais. Ce fut l'occasion pour Desubas de lui envoyer ces encouragements chrétiens : « Ce que vous me dites des persécutions, du vent et du froid, qui causent beaucoup du mal dans notre païs, m'aflige extremement. Dans des circonstan-

_____

(1) Il était né le 17 janvier 1722.

ces si facheuses, nous ne pouvons faire autre
chose que de nous remettre à la volonté de Celui qui gouverne toutes choses par son adorable
sagesse, et nous devons le prier d'apaiser ses
chatimens à notre egard, de nous accorder tout
ce dont nous avons besoin pour passer notre
vie paisiblement et tranquilement. Mais pour
que Dieu nous accorde ses grâces, il faut que
nous nous conduisions d'une manière qui ré-
ponde à notre vocation, et qui soit conforme
aux commandements que Dieu nous donne
dans sa parole. Si telle étoit notre conduite,
nous éprouverions, certainement, que Dieu
n'abandonne jamais ceux qui le craignent et qui
ont recours à lui dans leurs besoins; mais,
hélas! si nous faisons [attention combien notre vie est oposée à la volonté de notre Dieu,
nous reconnoitrons facilement que nous méri-
tons tous ces sévères châtimens, que nous
éprouvons dans cette vie triste et désagréable
pour nous. Au reste, si Dieu permet que nous
soïons afligés dans ce monde, il le fait pour
notre bien. C'est une marque, comme dit
saint Paul, qu'il nous aime, qu'il nous recon-
noit pour ses enfants. Ainsi les aflictions qui
nous arrivent ici bas, bien loin de nous atris-
ter, doivent nous réjouir et nous consoler, étant

persuadés que Dieu nous en délivrera un jour, pourvû que nous demeurions fermes dans la pratique de ses loix. »

Desubas, dont la vie fut semée d'épreuves, devait prêcher d'exemple et mettre, le premier, en pratique ces vérités.

C'était toujours avec joie qu'il recevait des nouvelles de sa famille ; sa pensée quittait souvent les bords de Léman pour se reporter au milieu des siens. Son frère aîné lui écrivit le 22 septembre. Le Vivarais était toujours l'objet de l'active surveillance du subdélégué de Tournon. De temps à autre, quelque nouvel acte d'intolérance impressionnait péniblement les religionnaires. Le 4 juin précédent, sur la dénonciation du curé de La Voulte, on avait arrêté le vénérable Dortial, dans les îles du Rhône, près de Livron, avec sa femme et ses deux fils, leur hôte Louis Souchon et un journalier de Pranles, nommé Alexandre Chambon, qui était venu seconder ce dernier dans les travaux de la moisson. On avait enfermé les prisonniers dans le château de Beauregard, près de Saint-Péray, et l'on instruisait activement leur procès. Cette nouvelle capture d'un prédicant avait jeté l'épouvante dans le Vivarais. Heureusement, à Vernoux et dans les en-

virons, on jouissait d'une tranquillité relative.
Desubas répondit à son frère, le 7 décembre :
« Je suis très charmé qu'on vous laisse tranquiles et que vous soïés tous aux Ubas. Peut-
être que les afaires ne seront pas toujours si
mauvaises. Dieu ne laisse pas toujours ses enfants dans la misère. Il est toujours disposé à
acorder son secours à ceux qui le craignent et
qui se confient en lui. Si nous avons ces saintes dispositions, soïons assurés que Dieu sera
pour nous un père tendre qui ne nous aban-
donnera jamais. » Aux épreuves de l'Eglise
venaient parfois s'ajouter les deuils domestiques. Le frère de Desubas avait eu la douleur
de perdre un jeune enfant. Mais n'était-ce pas,
en ces jours de crise, une faveur du ciel d'être
retiré si jeune de devant le mal ? Ainsi pensait Desubas : « J'embrasse bien ma belle-
sœur, » disait-il à son frère ; « le deuil que j'ai
fait de son petit n'a pas été bien grand. La raison en est qu'il est bien heureux et qu'il est délivré des misères de cette vie, et, dans le tems
où nous sommes, les enfans ne sont pas à plaindre, lorsque Dieu veut les apeller à soy. »
Dans le reste de sa lettre, Desubas complé-
tait les renseignements, que nous connaissons
déjà, sur sa manière de vivre à Lausanne :

« Quoique dans ma précédente, je vous aye apris ma situation, et qu'elle n'ait pas beaucoup changé depuis, cependant je veux bien encore vous en dire quelque chose, espérant que cellà ne vous fera pas déplaisir. Ma santé est assés bonne à présent, béni soit Dieu. Je n'ai pas fait tous les remèdes que je croiés de faire, c'est pourquoy aussi, de tems en tems, je soufre assés de maux de tête et de poitrine; je suis inquiet des fois qu'il y a, mais cellà ne dure guère. Je suis logé dans un endroit où je suis bien. On a toute sorte d'égards pour moy, et, surtout quand je me trouve mal, ils prennent un soin de moy tout particulier et me donnent toujours quelque chose pour me soulager. Je veille tous les soirs avec eux; je mange, souvent aussi, avec eux et nous déjeunons ensemble tous les jours. La veillée nous ne sommes jamais seuls. Il vient presque tous les soirs des gens de ma profession. Il y vient aussi des demoiselles fort aimables; là nous racontons des histoires; nous parlons de diverses choses pour passer le tems. Tous les jours un M^r vient me voir dans ma chambre; il travaille avec moy. En un mot, pourvû que je me porte bien, je ne manque pas d'occupations. J'ai un maître excellent qui s'intéresse infiniment pour moy ; j'ai beaucoup d'amis qui sont tous disposés à me rendre service.

» Je fais considérablement de dépense parce que tout est cher, quoy que nous ayons eu une bonne récolte de blé et de vin. Le pain blanc se vend 10 liards et demi de France, la livre ; le vin 8 et 9 sols la bouteille, qui n'est pas si grande comme le pot de chés nous ; le bœuf, 3 sols et 3 liards la livre ; je donne 3 livres, 3 sols de ma chambre, par mois, et on me fait ma soupe et mon lit ; je donne 22 sols par mois pour mes déjeûners ; je donne 3 sols pour blanchir mes chemises garnies et 9 liards pour les autres qui ne le sont pas. Vous pouvez voir, par le récit que je viens de vous faire, quelle peut être ma situation dans ce païs, où je serois très-content, si je pouvois toujours jouir d'une bonne santé pour bien travailler à mon mettier ; je profiterois beaucoup plus que je ne fais et je ne serois pas si inquiet comme je le suis, des fois que je ne peux presque rien faire. »

Desubas rencontrait donc plus d'un obstacle, et l'insuffisance de ses ressources pécuniaires n'était pas le moins grand. Il crut pouvoir, de concert avec son ami Gounon dit Pradon, demander à quelques protestants des Boutières de faire une collecte en leur faveur. Ils n'en prévinrent pas les pasteurs du Vivarais. Or leur démarche tombait sous le coup d'un article du synode du 21 janvier 1725 : qui portait « que le synode défendra à toute personne de lever des collectes si ce n'est par ses ordres ou par l'ordre d'un colloque 'et que si quelqu'un l'entreprend, il sera poursuivi par les voies ecclésiastiques. » Nous ignorons si la collecte en question fut considérable, mais les pasteurs en furent informés et s'en émurent ; et le synode qui se réunit dans le haut Vivarais, le 1er mai 1741, et qui comptait quatre ministres : Fauriel, modérateur ; Peirot, secrétaire ; Dunière et Coste ; et un prédicateur, Chabières, prit la délibération suivante : « Sur ce qui a été représenté que messieurs Antoine Gounon dit Pradon et Matthieu Majal-Desubas ont écrit quelques lettres à des particuliers, pour qu'il leur soit levé de l'argent, et que ces particuliers, en conséquence de ces lettres, ont fait des collectes en divers lieux, ce qui pourrait tourner au préjudice des ministres et des prédicateurs qui desservent les Eglises, la compagnie, pour prévenir les fâcheuses suites qu'une pareille démarche, contraire à nos règlements synodaux, pourrait produire, a chargé monsieur Peirot d'écrire à ces deux messieurs au nom du synode, pour les exhor-

ter à ne plus commettre de semblables irrégu-
larités, sans quoi on sera obligé de les poursuivre comme des personnes qui contreviennent à
l'ordre établi parmi nous. Et, afin qu'à l'avenir
les fidèles se donnent garde de faire de semblables collectes, le synode déclare que si quelqu'un, contre la défense de nos synodes, s'in-
gère de faire des levées d'argent, sans l'ordre
ou la permission des pasteurs, il sera grième-
ment censuré (1). »

Lorsque Desubas eut connaissance, par la
lettre de Peirot, du mécontentement du synode,
il en fut péniblement impressionné et prit aussitôt la plume pour se justifier. Sa réponse est
modérée, chrétienne, mais ferme et présente
avec beaucoup de force l'apologie de sa conduite. Il se plaint, d'abord, qu'on ait jeté
un blâme public sur lui sans daigner l'avertir
ou l'entendre. Que ne lui faisait-on remarquer l'irrégularité de sa conduite! il se serait
tenu pour averti. Mais il ignorait qu'il fût dé-
fendu à un prédicateur d'écrire à des anciens
pour les prier de collecter en sa faveur. Plusieurs frères, qu'il nomme, l'ayant fait avant
lui, sans encourir de reproches, il avait cru

(1) Recueil de La Voulte.

pouvoir s'autoriser de leur exemple. Bien plus, la personne à laquelle il s'est adressé lui avait promis que, s'il était nécessaire, tous ceux de son quartier contribueraient volontiers à son entretien. Pourquoi n'a-t-on pas fourni à cet ami l'occasion de le défendre ? Pourquoi, quand l'affaire s'est passée dans les Boutières, est-ce le synode du haut Vivarais qui est appelé à la régler ? D'ailleurs, l'article du 21 janvier 1725 est-il bien contre lui ? Il porte qu'on ne peut faire de collectes que par l'ordre, ou, ce qui revient au même, par la permission d'un colloque ; mais le colloque intéressé y a donné son consentement. — Puis Desubas réfute, en terminant, une dernière accusation qui lui tient le plus à cœur. « S'il était vrai, comme on le dit, que nos démarches pussent préjudicier aux intérêts de ceux qui desservent les Eglises, on aurait eu raison de passer l'article, mais il n'y a jamais eu aucune apparence de cela. Au contraire on peut dire, à la louange de l'Eglise où il s'est collecté quelque argent pour moi, qu'elle a toujours mieux contribué, selon ses forces, à l'entretien de ceux qui s'emploient au service actuel des Eglises qu'aucune autre. Ce que je viens de dire étant, on n'avait pas de fortes raisons pour passer le susdit article, car, comme ont dit la plupart de ceux qui ont donné quelque chose pour nous, lorsqu'on a voulu les porter à ne rien donner en notre faveur : Chacun est maître de son bien pour en disposer selon sa volonté (1). » Cette lettre ne passa pas inaperçue et le procès-verbal du synode suivant consigna la réclamation.

Le reste du séjour de Desubas à Lausanne ne fut marqué par aucun incident. Il se livra à ses études avec toute l'application que lui permettait son état maladif. Il se lia d'amitié avec ces hommes intrépides, qui forment la seconde génération des pasteurs du Désert, et qui, avec une culture plus étendue et un courage non moins grand que leurs devanciers, devaient achever la réorganisation des Eglises : Paul Rabaut, qui fut l'Antoine Court de la seconde moitié du dix-huitième siècle ; Pradel, qui devint plus tard pasteur de Nîmes et d'Uzès ; Defferre dit Montagny ou Briga, l'apôtre du Béarn ; Gibert celui du Poitou et Migault celui de la Normandie ; sans parler de Gounon et de Pelissier, avec lesquels Desubas avait fait dans le Vivarais ses premières armes. Le moment approchait où ces trois amis allaient affronter de nouveau les dangers du mi-

(1) Archives de l'Hérault.

nistère sous la Croix. Le 28 mars 1743, ils demandèrent aux pasteurs du Vivarais de vouloir bien leur ouvrir leurs rangs. Leur demande fut accueillie favorablement. Ils furent autorisés à recevoir l'imposition des mains à Lausanne, pour venir ensuite exercer leur ministère dans la province, à condition toutefois « qu'ils fussent reconnus capables, par leurs professeurs, de remplir cette charge avec fruit et succès, qu'ils promissent de se soumettre à la discipline ecclésiastique et d'observer l'ordre établi, mieux à l'avenir que par le passé (1) et qu'ils se conduisissent avec la prudence, la douceur et la modestie qui conviennent à des ministres qui prêchent sous la Croix (2). »

Les candidats prirent ces engagements. Ayant répondu d'une manière satisfaisante à leurs examinateurs, ils furent consacrés à Lausanne, le samedi 20 juillet, sans bruit, en présence d'un nombre restreint de fidèles. Dix jours après, Desubas quittait Lausanne en compagnie de Gounon, tandis que Pelissier dit Dubesset mettait en ordre quelques affaires avant de par-

(1) Allusion à la collecte.
(2) *Recueil de Magnin.*

tir. Le 31, Desubas était à Genève. Il en repartit le 3 août, arriva à Valence le 9, et le 11, il traversait le Rhône au Pouzin. Il était précédé dans le Vivarais par une lettre que Polier adressait à Peirot et à Coste : « J'ai bien reçu, dans son temps, » leur disait-il, « les lettres que vous m'avez fait l'honneur de m'écrire, en date du 10 et du 14 mai, dans la première desquelles était incluse la lettre de vocation de vos Eglises pour les trois sujets qui y sont nommés, et, en conséquence, après avoir obtenu le consentement de nos supérieurs qui nous en ont donné la commission, mes collègues et moi les avons examinés à diverses fois, tant de bouche que par écrit, et les ayant trouvés assez instruits, dans les vérités et les devoirs de la Religion, pour en instruire aussi ceux qui voudront profiter de leurs lumières, nous avons approuvé leur vocation... Vous trouverez leur certificat ci-joint. Vous pourrez le faire enregistrer en son lieu, d'où chacun d'eux pourra tirer des extraits authentiques, dans le besoin et sous votre consentement ; mais, pour l'original, nous vous prions, par ordre de nos supérieurs, de nous l'envoyer, aussi bien que ceux que vous pourriez avoir en particulier, afin qu'ils ne puissent exposer personne, au cas que par malheur ils vinssent à tomber entre les mains de nos ennemis ou d'amis imprudents... »

Polier disait ensuite que Gounon et Pelissier avaient l'intention d'aller évangéliser la Normandie et il pensait que ce projet ne rencontrerait pas d'opposition, « vu le nombre suffisant d'ouvriers que vous aurez si M. Desubas reste parmi vous, comme il m'y paraît résolu, pourvu que son peu de santé lui permette d'agir (1). » Ainsi la santé de Desubas ne s'était pas améliorée vers la fin de ses études. L'asthme dont il souffrait résistait à tous les remèdes. Mais une volonté ferme animait ce corps languissant, et nous le verrons, malgré son état maladif, remplir avec zèle ses fonctions pastorales, en attendant qu'une mort violente et prématurée vienne l'enlever, bien jeune encore, à l'affection de son troupeau.

(1) Lettre du 1ᵉʳ août 1743. Recueil de Magnin.

CHAPITRE IV.

MISSION EN LANGUEDOC.

Etat religieux du Vivarais. — Coste et Peirot. — Desubas est nommé pasteur de la province. — Lettre de Dubesset. — Affaire Boyer. — Desubas est chargé d'une enquête. — Recommandations de Court. — Voyage en Languedoc. — Première lettre à Peirot. — Desubas est malade. — Tolérance dans cette province. — Seconde lettre à Peirot. — Obstacles à sa mission. — Il fait deux baptêmes à Anduze. — Il prêche pour Paul Rabaut. — Il refuse de devenir pasteur dans le Languedoc.

Lorsque Desubas revint dans le Vivarais, le temps des petits commencements était passé. L'œuvre de restauration, si bien commencée par Pierre Durand et ses premiers collaborateurs, se poursuivait avec persévérance et succès. François Coste, consacré à Lausanne le 21 janvier 1741, et Pierre Peirot y exerçaient un ministère actif et béni. Ils n'en saluèrent pas moins avec bonheur l'arrivée de Desubas ; car il y avait encore à détruire, au sein des troupeaux, beaucoup d'ignorance et de préjugés. On n'a, pour s'en convaincre, qu'à lire la lettre suivante de Peirot à Court. Elle est datée du 11 mai 1741 et raconte son impression de la première heure ; mais, depuis deux ans, la situation ne s'était guère améliorée :

« Depuis que je suis arrivé dans ce pays, j'ai été dans tous les endroits où il y a des gens de notre religion. Je me suis informé de leur état et de leurs vues. J'en ai trouvé quelques-uns dont la conduite et les sentiments m'ont beaucoup édifié ; ils ont plusieurs bons livres instructifs et pieux qu'ils lisent en famille, les jours de dimanche. Ils se donnent des soins pour apprendre la religion à leurs enfants et pour les former à la vertu... J'ai remarqué, en plusieurs, beaucoup plus de froideur et d'indifférence pour ce qui regarde leur salut, une profonde ignorance, plus d'amour pour leur pays que pour leur religion. J'en ai trouvé de l'âge de trente ans, à qui j'ai raconté l'histoire de la vie et de la mort de notre Seigneur Jésus-Christ, qui m'ont avoué ingénument que jamais ils n'avaient entendu parler de ces choses. Ils avaient de peine à se persuadér que Dieu eût tout fait pour le salut des hommes. S'ils ont quelque connaissance, elle ne roule, pour l'ordinaire, que sur les controverses que nous avons avec l'Eglise romaine, ou sur d'autre matières encore moins intéressantes, par rapport à eux (1). »

Peirot était originaire de la paroisse de Champ-Clause, dans le.Velay. Il fut l'un des pasteurs les plus instruits et les plus zélés des Eglises sous la Croix, dans la seconde moitié du dix-huitième siècle. Son certificat de consécration renferme ce beau témoignage : « Dès son arrivée à Lausanne, en juillet 1736, il s'est appliqué, avec toute l'assiduité dont il a été capable, à toutes les études qu'il a cru lui être nécessaires pour exercer un jour dignement le saint ministère de l'Evangile, et a toujours fait paraître, dans toute sa conduite, des mœurs très réglées, une piété sans fard, un grand amour pour la vérité et la charité, et beaucoup de zèle pour notre sainte religion (2). » Il fut longtemps l'âme des Eglises dans le Vivarais,

(1) Papiers Chalamet.
(2) Ed. Hugues, *Histoire de la restauration du protestantisme au dix-huitième siècle*, t. II, p. 411.

et, jusqu'en l'année 1771, il présida souvent les synodes de sa province; il eut même l'honneur, en 1748, d'être nommé modérateur du synode national (1). Sa femme, Mlle de l'Orme, de la paroisse de Silhac, avait été enfermée, pendant quelque temps, dans la tour de Constance pour crime de religion. — Tel est l'homme dont la vie va se trouver liée désormais à celle de Desubas.

Le nouveau pasteur prêcha son premier sermon le 5 octobre. Le mois précédent, il avait assisté au synode de sa province, où il fut reçu dans le corps des pasteurs. Les lignes suivantes vont nous dire avec quelles dispositions bienveillantes : « Notre très cher et bien-aimé frère M. Matthieu Majal-Desubas, muni des témoignages authentiques touchant sa bonne vie et mœurs et touchant l'imposition des mains qu'il a reçue le vingtième juillet mil sept cent quarante trois, dans une académie étrangère protestante, se présenta au synode provincial tenu dans le bas Vivarais le sixième septembre dernier ; lequel synode le reçut, en conséquence des bons témoignages qu'il

(1) Il fut aussi modérateur du synode national de 1756 et modérateur-adjoint de celui de 1763.

montra, au nombre des pasteurs des Eglises de cette province. Mais, comme la crainte d'être surpris par les ennemis de notre religion fit que nous ne pûmes rien rédiger par écrit, le susnommé, qui a déjà exercé les fonctions de pasteur de nos Eglises, avec fruit et avec approbation, l'espace de six mois, déclare de nouveau que son dessein est toujours le même, et le présent synode ratifie et confirme ce qui avait déjà été résolu, faisant un grand nombre de vœux en sa faveur et exhortant tous les fidèles, soumis à notre discipline, de l'écouter et de le recevoir avec la soumission et le respect dus aux ministres de Jésus-Christ (1). »

Au milieu des travaux de son ministère, le jeune pasteur jetait parfois un regard d'envie et de regret du côté de Lausanne, où s'étaient écoulées trois des plus belles années de sa vie. Il entretenait une correspondance avec Dubesset, qui, nous l'avons vu, prolongeait de quelques semaines son séjour à l'étranger. « J'ai bien reçu votre lettre dans son temps, » lui écrivait ce dernier, à la date du 18 novembre, « et il n'est pas nécessaire que je vous dise combien grand a été le plaisir qu'elle m'a fait.

(1) Actes du Synode du 1er mai 1744. Recueil de La Voulte.

Il a été si grand que je ne saurais vous l'exprimer. Les nouvelles qu'on reçoit de ses amis, et surtout des personnes qu'on aime et qu'on estime tendrement, font toujours beaucoup de plaisir. J'aurais eu l'honneur de vous faire réponse plus tôt, comme j'y étais obligé, si je n'avais cru qu'en la différant de quelque temps j'aurais pu vous apprendre quelque nouvelle qui aurait pu vous faire plaisir, puisque vous en êtes si affamé ; mais j'ai été trompé dans mon attente. J'ai eu beau attendre ; il n'est rien venu, rien surtout qui intéresse la curiosité du public, et moins encore la vôtre en particulier. Nous sommes dans une saison où tout est comme mort, et où presque personne ne remue. Chacun s'enferme dans sa petite cellule, après avoir fait sa petite provision, et demeure là tranquille, jusqu'à ce que le Printemps, cette belle saison, qui renouvelle la face de la terre, *vien* leur ouvrir la porte de la prison, pour leur faire goûter ses délices, contempler ses belles perspectives, ses campagnes riantes, parsemées de toutes parts de fleurs et de verdure. Jusqu'alors, infailliblement, les nouvelles seront fort stériles. »

Il trouve pourtant moyen d'en glaner quelques-unes sur la guerre, pour satisfaire la curiosité de son ami : « Il y a déjà quelque temps que les Anglais, les Hollandais, l'armée du prince Charles ont quitté le bord du Rhin pour aller prendre des quartiers d'hiver, je ne me souviens pas où. Il est seulement resté quelques pandoures et croates de l'armée du Prince Charles, le long du Rhin, qui se sont fait des trous dans la terre pour se défendre aux injures du temps et inquiéter de temps en temps les Français, lorsqu'ils le pourront. Les Espagnols, conjointement avec quelques Français, ont été frottés en voulant forcer le passage des Alpes, comme, sans doute, vous l'avez ouï dire. On prétend qu'ils y ont perdu plus de 8,000 hommes, tant tués, blessés que déserteurs et grand nombre d'artillerie... Les Espagnols, revenus en Savoie, commencent à déserter pire que jamais. Il en passe ici, tous les jours, de grosses troupes. Je viens tout présentement de lire la gazette, et elle marque, dans plusieurs endroits, qu'on s'attend de toutes parts à une paix générale, sans cependant marquer comment elle se fera. Les Anglais semblent la souhaiter et la France pas moins, quoiqu'elle ne paraisse pas si bien y être portée. Cela n'empêche pourtant pas qu'on ne fasse de part et d'autre les préparatifs nécessaires, au cas qu'elle n'eût pas lieu. Le marquis d'Argent, de retour de Berlin, est à Paris, avec des nouvelles portant que Sa Majesté le Roi de Prusse, désirant que la paix se fasse, elle déclarera la guerre à quiconque s'y opposera. L'événement nous apprendra comment tout cela se terminera. »

Après avoir entretenu Desubas des affaires publiques, son correspondant lui parle du vide que le départ de ses deux condisciples du Vivarais a fait dans son existence : « Vous vous plaignez que vous languissez et que vous regrettez les beaux jours que vous passiez ici ; je vous assure que nous ne les regrettons pas moins. Nous sommes privés de deux amis, qui me faisaient passer des moments bien agréables, et qui nous empêchaient bien de languir. Il n'en est pas de même à présent que nous ne les avons plus. Nous sommes souvent inquiets, tristes et mélancoliques ; moi, en particulier, je l'ai été pendant longtemps et je le suis encore quelquefois. Et comment ne le serais-je pas ? Etre privé, tout d'un coup, de la présence des deux meilleurs de ses *amis* n'est pas une chose qu'on puisse faire sans peine, et à laquelle on puisse se résoudre aisément ; et si l'espérance de les rejoindre un jour ne m'*eusse* soutenu, je serais tombé, il n'en faut pas douter, dans quelque noire mélancolie. J'ai bien ici, il faut l'avouer, encore quelques amis que je vois même assez souvent, soit Suisses, soit Français ; mais je ne puis pas les mettre de pair avec ceux qui sont absents. Ils sont d'un naturel tout-à-fait différent ; ceux-ci sont lents, opiniâtres et mornes, du moins pour la plupart, au lieu que ceux-là étaient divertissants, gais et de bonne humeur, fort propres à divertir et à réjouir toute une compagnie. Aussi les plains-je et les regretté-je.

« J'ai fait vos complimens à ceux à qui vous m'aviez chargé d'en faire. Tous vous sont obligés et vous les *réciproquent* de tout leur cœur. Il n'y a que M. Court, quoiqu'il vous fait pourtant ses compliments, qui soit fâché contre vous ou plutôt contre votre paresse, de ce que vous ne lui avez point écrit. Il espère que vous le ferez dans la suite et que vous lui enverrez ce que vous lui avez promis. »

Dans cette longue et curieuse missive, que nous abrégeons, Dubesset, qui aborde tous les sujets, se fait aussi l'écho des bruits relatifs aux affaires religieuses du Languedoc : « On dit ici, et on le tient par des lettres qu'on a écrites des endroits mêmes, que dans le Languedoc on fait des préparatifs pour bâtir des temples. On a déjà fait faire quelques chaires. Toujours est-il bien vrai, au moins, qu'on y est fort tranquille, qu'on y fait des grandes assemblées, presque publiques, composées de tout ce qu'il y a de religionnaires grands et petits, et d'un grand nombre de papistes. On sollicitait encore dernièrement M. Court d'y aller, et peut-être aussi M. Roux. Mais l'un et l'autre, du moins le premier, font les sourds. Je crains bien que cette petite liberté ne dure pas longtemps. Je souhaiterais de me tromper. M. Defferre (1) a déjà écrit deux fois à M. Court, une fois à Messieurs les Professeurs. Il raconte à ce premier les grands progrès qu'on y fait... Mons. Préneuf (2) n'a écrit qu'une fois, et ce fut sitôt après son arrivée. J'attends, depuis quelques jours, de ses nouvelles et une vocation qu'il doit m'adresser des Eglises de son pays. Du moins MM. Viala et Olivier, qui m'ont fait la grâce de m'écrire, me l'ont-ils fait entendre. J'ai communiqué cette lettre à M. le Professeur et à M. Court. Tous deux y ont donné les mains. Ce premier m'a accordé un certain

(1) Voir, sur lui, Borrel, *Biographie d'Antoine Court*, p. 199.
(2) C'était le surnom d'André Migault de la Normandie.

temps pour vaquer à mes affaires, au bout duquel je dois déloger et battre la semelle (1)... »

La tolérance dont bénéficiait le Languedoc s'étendait sur le Vivarais. Là aussi les assemblées se tenaient sans être inquiétées. Peirot, dans une lettre à Blachon, alors à Lausanne, parle des espérances qui remplissaient les cœurs : « Béni soit Dieu ! » lui disait-il, « nos Eglises sont beaucoup plus tranquilles qu'elles n'*aient* été de longtemps. On paie des amendes, en certains endroits, mais peu. On ne prend aucune fille pour les couvents. Ceux que nous avons mariés sont en repos. L'évêque de Viviers écrivait ceci, vers le printemps, à un curé de son diocèse : « J'ai souvent parlé au
» roi, touchant les mariages bénis à la lune,
» sans avoir pu rien obtenir contre eux, et, pré-
» sentement, le roi n'en veut pas même enten-
» dre parler. » La plupart des catholiques sont alarmés et disent que dans peu on verra nos temples rebâtis, la persécution cesser, chacun servir Dieu selon les mouvements de sa conscience. Quels vœux, mon cher ami, ne devons-nous pas faire ! Quelles prières ne devons-nous pas adresser au Tout-Puissant pour

____

(1) Papiers Lebrat.

qu'il lui plaise de nous faire voir cet heureux temps ! Quel sujet n'aurions-nous pas de nous écrier alors : C'est ici la journée de l'Eternel. La dextre de l'Eternel a fait vertu ! Jusques à présent, j'avais toujours été dans le doute, toujours craint de ne voir jamais des événements si intéressants et si agréables; aujourd'hui, je change de sentiments ; je suis tout rempli de ces flatteuses espérances (1). » Hélas! ces espérances étaient prématurées. La persécution n'était qu'assoupie, grâce à la guerre de la succession d'Autriche qui préoccupait tous les esprits, comme on l'a vu par la lettre de Dubesset, et qui réclamait toute l'attention de la cour. Plus tard, elle devait se réveiller avec force. Nos pères ne profitèrent pas moins de ce moment de répit, — une accalmie entre deux orages, — pour régler quelques-unes de leurs affaires intérieures.

On s'imagine, parfois, que les Eglises du Désert n'avaient à redouter que les agissements du clergé, toujours en éveil, et les mesures de rigueur qu'un pouvoir intolérant ne cessait de prendre contre elles. C'est là une erreur qui ne résiste pas devant l'étude, même la plus su-

(1) Recueil de Magnin.

perficielle, des pièces du temps. Cette période si intéressante de notre histoire, à côté des exemples d'héroïsme et de fidélité chrétienne qui font penser au siècle apostolique, présente aussi des lacunes et des ombres. Elle a ses misères, qu'un historien a le devoir de signaler, sous peine d'être infidèle et partial. D'ailleurs, elles portent avec elles leur enseignement. La lâcheté des apostats fait éclater le courage des martyrs, sans parler du témoignage que les larmes brûlantes de leur repentir rendent à la vérité chrétienne ; et l'inconduite du pasteur qui va nous occuper, — à supposer qu'elle soit démontrée, — ne fait que mieux ressortir l'esprit de sacrifice et de renoncement qui animait ses collègues.

A l'époque où nous sommes arrivés, un schisme déchirait depuis douze ans les Eglises sous la Croix. Celui qui l'avait provoqué était un ancien officier de dragons, qui, appelé comme pasteur par les Eglises de Lasalle, Durfort et Monoblet, avait indisposé ses collègues par la façon irrégulière dont il s'était fait consacrer. Jacques Boyer, qu'il ne faut pas confondre avec le maître de Desubas, était allé, sans l'aveu des synodes et au mépris de la discipline, recevoir l'imposition des mains à l'Académie de Lausanne. Cette conduite avait commencé par indisposer contre lui les pasteurs du Désert, dont les plus influents, Court, Jacques Roger, Pierre Durand, hésitèrent longtemps à reconnaître la validité de sa consécration. L'émotion qu'elle avait causée se calmait à peine, lorsqu'une grave accusation d'immoralité s'éleva contre lui. On disait qu'il avait séduit une de ses catéchumènes et l'avait rendue mère. Certes, Boyer n'avait pas les traits d'un séducteur, s'il faut en croire le signalement qu'avaient dressé de lui les espions de l'intendant. Il avait « le visage noir, le front petit et ridé, les yeux noirâtres, le nez long, une espèce de trou ou cicatrice à la joue droite, la barbe noire assez fournie et portait une perruque de grisaille à bonnet (1). » D'un autre côté, Suzanne Février, sa prétendue victime, qui avait commencé par affirmer le fait, l'avait ensuite nié. De sorte que rien n'était moins prouvé que l'inconduite du pasteur. Malheureusement, Boyer sembla prendre à tâche d'aggraver les soupçons qui pesaient sur lui par la manière dont il les combattit. Au lieu de suspendre pour un temps ses fonctions pastorales,

(1) *Bulletin*, t. XIX, p. 365.

en attendant qu'il eût établi son innocence et
calmé l'agitation qui se faisait autour de son
nom, il tint tête à l'orage avec une fierté indi-
gnée. Doué d'une parole insinuante et d'une
activité infatigable, il parcourut les Eglises, se
prétendant calomnié et se créant partout des
partisans. Si plusieurs synodes provinciaux le
condamnèrent, d'autres prirent sa défense.
C'est en vain que Pierre Durand avait commencé, en 1731, une enquête que sa mort prématurée l'empêcha d'achever ; c'est en vain que
la vénérable classe des pasteurs de Zurich était
intervenue en 1735, et que le Comité de Lausanne avait offert à son tour sa médiation, cet
état de trouble et d'agitation se prolongeait, à
la grande joie des adversaires et au grand dé-
triment des âmes.

Restait pourtant un remède : le synode national, ce tribunal suprême des Eglises réformées qui résout, en dernier ressort, tous les
conflits disciplinaires ou doctrinaux qui peuvent
se produire dans leur sein. Ce rouage si essen-
tiel de notre organisation ecclésiastique, dont
Daillé disait « qu'il est indispensable à la conservation de notre religion, » nos pères du
Désert le rétablirent au milieu des plus grandes difficultés. L'urgence de convoquer une de

ces grandes assemblées s'imposait de plus en plus aux meilleurs esprits. Elle fit, vers ce temps, l'objet d'une active correspondance entre les pasteurs des différentes provinces. Mais on fut d'avis qu'il fallait, au préalable, procéder à une nouvelle enquête sur l'affaire Boyer et au récolement des témoins. Ceux qui étaient opposés au ministère du pasteur incriminé, aussi bien que ses partisans, devaient nommer chacun un commissaire « afin que tout se fasse avec ordre et que nul ne puisse récuser une telle enquête (1). »

La province du Dauphiné jeta les yeux, pour ce difficile emploi, sur Louis Ranc, jeune prédicateur plein d'avenir, mais promis de bonne heure au martyre ; les pasteurs du Vivarais déléguèrent Desubas. Voici les pleins pouvoirs qui lui furent accordés : « Nous, pasteurs des Eglises du Vivarais et Velay, ayant été requis par M. Boyer et sollicités par les députés des Eglises qu'il dessert, de travailler à une nouvelle enquête sur les accusations de *gravidation* intentées contre lui, et au récolement des

(1) Lettre des pasteurs du Vivarais « aux fidèles qui sont affectés au ministère de M. Boyer, » du 20 novembre 1743. Papiers Chalamet.

témoins qui avaient déposé devant feu **M.** Durand, avons, d'un commun accord, député et députons notre très cher et bien-aimé frère **M.** Matthieu Majal-Desubas, pasteur des Eglises de cette province, pour travailler à ladite enquête et audit récolement des témoins, conformément à la commission que nous lui en avons donnée, priant tous ceux à qui il s'adressera de l'écouter et recevoir en cette qualité. En foi de quoi, nous lui avons donné le présent acte de députation pour lui servir partout où besoin sera.

» En Vivarais, ce dix-huitième novembre mil sept cent quarante-trois.

» Peirot, signé pour tous (1). »

Antoine Court suivait avec le plus vif intérêt, de sa retraite de Lausanne, tous les incidents de ce conflit qui troublait si douloureusement les Eglises. Dès qu'il apprit la mission de Desubas, il sentit le besoin d'exposer à son jeune ami ses vues sur cette déplorable affaire, et de lui donner quelques directions dans une longue lettre aux pasteurs du Vivarais. Le maître vénéré, qui parle à son élève avec une affection pleine d'autorité, s'y révèle, à côté du conseil-

_____

(1) **Papiers Lebrat.**

ler des Eglises toujours rempli de sollicitude pour elles. Court pensait que Boyer ne demandait une nouvelle enquête que pour gagner du temps. Il lui semblait que celle de Pierre Durand devàit suffire. Mais, puisque le récolement des témoins est décidé, « il est de la dernière importance, » disait-il, « que M. Desubas ne perde jamais, non seulement en lui-même, l'esprit d'équilibre et d'impartialité qu'il doit apporter dans tous les actes de sa commission, mais qu'il évite même, avec tout le soin possible, jusqu'aux moindres apparences qui pourraient faire peur à des esprits soupçonneux, défiants, qui sont sur le qui-vive et qui ne manqueront pas d'épiloguer jusqu'à ses moindres mouvements. Il faut, surtout, qu'avec beaucoup de prudence et de charité, il garde un secret impénétrable sur toutes les affaires de sa commission, et qu'il ne transpire rien au dehors de toutes les dépositions qui lui seront faites, en sorte que les deux parties ignorent également, sans qu'aucune prédilection en fasse rien connaître aux uns et aux autres, ce qui lui aura été confié par des témoins assermentés et irréprochables. »

Ce n'est que grâce à beaucoup de prudence et de tact que Desubas pourra déjouer les vains prétextes dont s'entourent Boyer et ses partisans, et les amener à se soumettre à la sentence qui sera prononcée contre eux. S'ils refusent, ils montreront assez par là « qu'aucune considération ni humaine, ni divine ne saurait les ramener à leur devoir, ni au bon ordre dont ils se sont écartés. »

« Plus ces conséquences sont de la dernière importance, » ajoutait Court, « et plus elles méritent les attentions les plus sérieuses de M. Desubas. Aussi suis-je persuadé qu'il en est tout rempli et pénétré, et qu'il ne tiendra pas à lui que les choses ne soient amenées à l'heureuse fin, qui fait l'objet de tant de vœux et qui mérite d'être achetée au plus haut prix. Mais, quelque rempli et pénétré que je l'en suppose, comme sa commission est des plus délicates, que les suites en doivent être des plus importantes, et qu'elle sera exposée à la critique de tant d'esprits qui ne demanderaient pas mieux que d'y trouver quelque chose à reprendre, on ne saurait trop l'encourager à bien faire et à se tenir sur le qui-vive (1). »

Muni de ces recommandations et d'une somme de dix écus que Peirot lui remit, au nom des

(1) Lettre à M. Peirot et Cᵒ, du 5 décembre 1743. Recueil de Magnin.

Eglises, pour ses frais de voyage, Desubas partit pour le Languedoc, le 29 décembre, après avoir passé les fêtes de Noël dans le Vivarais. Le 2 janvier, il arrivait à Nîmes. Ce fut pour y tomber malade. « Vous serez sans doute surpris de ce que j'ai resté si longtemps dans le silence, » écrivait-il le 15 janvier suivant à Peirot ; « mais j'espère que votre surprise cessera lorsque j'aurai l'honneur de vous dire que les trois premiers jours, que j'ai passés ici, j'ai été dans l'impossibilité de trouver un moment favorable pour vous écrire, à cause d'un grand nombre de personnes qui nous rendaient visite, et desquelles nous ne pouvions pas nous débarrasser facilement ; et, après ces trois jours que j'ai passés heureusement, j'eus une attaque d'oppression et de rhume des plus violentes et des plus extraordinaires ; de sorte que, sans les grands soins qu'on a pris de moi, j'aurais eu peine à me relever. Je n'ai pris que des bouillons et des tisanes. On m'a saigné quatre fois ; on m'a purgé deux fois. Le médecin et l'apothicaire et le chirurgien ont été exacts à me visiter. On m'a toujours veillé jusques aujourd'hui, que je commence à me trouver un peu mieux. »

Il avait déjà vu plusieurs fois Paul Rabaut et

Boyer. Ce dernier paraissait disposé à se soumettre à tout ce qu'on déciderait à son sujet ; puis il terminait par quelques détails sur les affaires du Languedoc : « Les assemblées ne sont plus si nombreuses ; le premier de ce mois, on prit dix personnes qui revenaient d'une assemblée de M. Paul (1). On attend chaque jour leur délivrance. Cela n'a guère épouvanté personne pour empêcher d'aller aux assemblées. On n'ouvrait que fort tard les portes de la ville. Nous avons reçu toutes sortes d'honnêtetés des amis de M. Boyer. Les autres nous laissent assez tranquilles. M. Court m'a écrit ici pour me donner des conseils. Je lui en suis obligé. Les amis de M. Boyer, ou ceux qui se disent impartiaux, voudraient qu'on s'accommodât à l'amiable ; mais je ne crois pas que cela soit. Je finis en faisant, dans ce renouvellement d'année, toutes sortes de vœux pour votre conservation et votre prospérité. Puissiez-vous jouir cette année, et un grand nombre après celle-ci, de toutes sortes d'avantages spirituels et temporels (2). »

Un mois après, Desubas écrivait une seconde lettre à son ami. Les prévisions de Court se

(1) Paul Rabaut.
(2) Recueil de Magnin.

confirmaient. La mission des députes n'avan-
çait pas. Le mauvais vouloir de Boyer rendait
difficile le récolement des témoins. Tantôt il
prétextait des vices de forme, ou déconcer-
tait, par ses interpellations et ses menaces,
ceux qui déposaient contre lui : « Je ne suis
pas encore prêt à retourner dans ma patrie, »
disait Desubas, avec un soupir de regret. « Cependant il ne tiendra pas à moi que je ne fasse
quelque chose. Je garde, autant que possible,
une exacte neutralité. Mais il y a un grand
nombre de gens qui se plaisent à empoisonner
les choses ; et bien des personnes se persua-
dent que nous pouvons nous laisser prévenir
pour les uns ou pour les autres, mais certainement ils se trompent... Dieu veuille remé-
dier à tous ces désordres affreux qu'est capable
de causer cette fatale division, si elle ne prend
bientôt fin ! Vous avez appris, sans doute, que
MM. Court et Polier ont écrit dans ce pays au
sujet de nos affaires, mais tout cela sans fruit...
Leurs bonnes raisons n'ont fait qu'aigrir divers
esprits. »

Ce sujet, on le sent, affecte péniblement le
jeune commissaire. Il s'y arrête le moins possible : « En voilà assez sur cela, » dit-il, avec
une pointe d'impatience, « je vais vous parler de

choses plus agréables, au moins pour moi. »

Et il raconte, longuement alors, des faits qui
sont de nature à réjouir son correspondant. Les
dix prisonniers, dont il lui parlait dans sa dernière lettre, ne sont pas encore libres, mais on
les relâchera bientôt. Beaucoup de personnes
font baptiser leurs enfants par les pasteurs. Ils
bénissent aussi beaucoup de mariages. Les assemblées se tiennent publiquement, excepté aux
environs de Nîmes. Le lieutenant du roi a même
fait entendre qu'il ne trouverait pas mauvais
qu'il s'en fît de 500 et de 600 personnes. Les
affaires de la religion ne sont donc pas déses-
pérées. Le duc de Richelieu a reçu gracieuse-
ment tous les placets qu'on lui a présentés, et,
— précieux résultat de cette tolérance relative,
— le ministère des pasteurs est réclamé de
toute part : « Les ministres de ce pays, » disait
Desubas, « ne savent où donner de la tête. Ils
auraient suffisamment de l'ouvrage, fussent-ils
le double. Il faut qu'ils aillent en poste, surtout pour les baptêmes, car ce pays est fort
fertile en enfants. Tout cela doit encourager
nos bons Vivarois et les obliger à suivre l'exemple de ce pays, soit par rapport aux assemblées, soit par rapport aux baptêmes (1). »

(1) Lettre du 19 février 1744. *Ibid.*

Si Desubas s'occupait avec soin de sa mission, il savait trouver l'occasion d'exercer les fonctions de son ministère. Il disait à Peirot, dans la lettre que nous venons de résumer : « J'ai baptisé des enfants. M. Paul en a présenté un et M. Ranc, mon associé, deux. » On trouve, dans son registre de baptêmes et de mariages, les noms de ces deux enfants, qu'une étrange destinée fit introduire dans l'Eglise par deux futurs martyrs. C'étaient deux jeunes filles : Suzanne Lacroix et Marie Boisset. Leurs parents habitaient Anduze, et elles furent baptisées ensemble, le 13 février.

Desubas ne baptisait pas seulement, il prêchait aussi l'Evangile. Il faut, sans doute, placer, pendant ce premier séjour dans le Midi, ce billet sans date qu'il reçut de Paul Rabaut : « Monsieur et très cher frère, il arriva hier au soir et il arrive actuellement un grand nombre d'étrangers, qui viennent de fort loin pour rassasier leurs âmes affamées. Vous qui êtes si charitable et si compâtissant, ne voudriez-vous pas satisfaire au désir de ces fidèles? De grâce, ayez pitié d'eux. Vous auriez d'ici à 4 heures du soir pour vous préparer. Si vous vouliez bien répondre à ma demande, je vous en serais infiniment obligé. Apprenez-moi si vous pouvez le faire (1). »

Cette requête ne dut pas trouver Desubas insensible. Il prêcha plusieurs fois, ainsi que son collègue Louis Ranc. Les protestants du Midi goûtèrent fort leur prédication et voulurent les attacher à leur service. Les députés refusèrent. « On m'a proposé diverses fois, » disait Desubas à Peirot, dans la lettre citée plus haut, « d'abandonner le Vivarais pour rester dans ces aimables régions et parmi des personnes si obligeantes, comme le sont celles de ce pays. Je n'ai rien promis; cependant on me tente souvent sur cet article. » Malgré ces *tentations*, il resta fidèle à ses compatriotes du Vivarais.

(1) Papiers Lebrat.

CHAPITRE V.

LE SYNODE NATIONAL.

Lettres de Peirot à Polier et à Court. — Obstacles qu'oppose Boyer au récolement des témoins. — Courte apparition de Desubas dans le Vivarais. — Lettre de Peirot à Desubas. — Ses collègues le déchargent de sa mission. — Les pasteurs du Languedoc sont pour les moyens extrêmes. — Opinion différente de Court. — Voyage de Peirot dans les Cévennes. — Il fait partie d'un arbitrage. — Sa correspondance avec Desubas. — Réunion du synode national. — Court en est l'âme. — Jugement des arbitres. — Fin du schisme.

Pendant que Desubas travaillait, de concert avec Ranc, au récolement des témoins qui avaient déposé dans l'affaire Boyer, Peirot s'entretenait par correspondance, avec les amis des pays étrangers, des difficultés de la situation. Nous avons une lettre de lui à Polier, le professeur de Lausanne, datée du 31 janvier 1744.

Il commence par lui donner quelques détails
sur le Vivarais : « M. Brunel est malade depuis environ six mois. La mauvaise santé de
M. Lacombe ne lui permet pas de faire aucune
fonction de son ministère, quoiqu'il fasse quelque petit voyage dans notre pays. M. Pradon
se dispose pour aller en Poitou. M. Desubas,
comme vous le savez, est en Languedoc. Il ne
reste donc que M. Coste et moi pour desservir
lee Eglises de cette province ; encore sommes-
nous souvent obligés d'employer notre temps à
écrire des lettres, ou prendre des mesures pour
la tenue du futur synode. » Il explique ensuite à Polier l'utilité de l'enquête qui se poursuit dans le Languedoc et lui fait comprendre
qu'elle ne porte aucune atteinte, comme son
correspondant paraissait le craindre, « à l'inté-
grité de feu M. Durand, dont le nom sera
toujours en bénédiction dans nos Eglises ; »
puis il ajoute : « M. Desubas vient de m'écrire
que M. Boyer ne demande plus cette nouvelle
enquête. Il veut seulement qu'on travaille au
récolement des témoins qui avaient déposé devant feu M. Durand, et qu'on présente des mémoires de part et d'autre, où chacun mettra
ses plaintes et ses justifications. Ensuite ces
mémoirés, avec l'enquête récolée, serviront

de fondement à la sentence définitive qu'on doit rendre. »

Mais cette sentence, qui la prononcera, si ce n'est le synode? Lui seul peut dénouer une affaire aussi embrouillée, à une condition, toutefois, c'est qu'il soit bien la représentation authentique des Eglises. Alors, seulement, ses décisions auront force de loi et ne soulèveront aucune opposition : « Nous ne manquerons pas d'appeler au synode national, » disait Peirot à son correspondant, « toutes les provinces où nous savons qu'il y a des religionnaires et un ordre établi, afin d'agir tous d'un commun accord pour le bien et l'avantage de nos Eglises. Mais plus je pense à ce que nous voulons faire... plus je trouve que nous devons y réfléchir sérieusement, user de prudence, prendre de précautions. Honorez-moi toujours de vos sages conseils. Je n'en saurais avoir plus de besoin (1). »

Peirot, qui aurait eu besoin de consacrer tout son temps à la préparation du synode, n'était secondé, comme on l'a vu, que par Coste, dans l'évangélisation du Vivarais. Encore ce dernier, qui venait de se marier, pre-

(1) Lettre du 31 janvier 1744. Papiers Chalamet.

nait-il des vacances. « Depuis son mariage, »
écrivait Peirot à Court avec une pointe de malice, « il n'a pas été aussi libre qu'il l'était auparavant. Sa femme a une telle tendresse pour
lui, qu'elle ne peut pas souffrir qu'il la
quitte (1). »

Le retour de Desubas était donc bien désira-
ble. Mais qu'il paraissait éloigné ! Le jeune commissaire rencontrait mille obstacles sur sa route.
Boyer n'écrivit pas moins de sept lettres à
Desubas et à Ranc, du 6 février au 18 mars (2).
Sous des formes d'une politesse obséquieuse,
on y sent percer un caractère entier et absolu,
qui devait fort entraver les négociations. Il se
considère moins comme un prévenu, qui doit
se justifier d'un crime dont la rumeur publique
l'accuse et de nombreuses infractions à la discipline, que comme un homme injustement calomnié, auquel on doit des réparations. Malgré
ces prétentions, il ne permettait pas à Desubas
d'interroger les témoins sur tous les points
qu'avait embrassés l'enquête de Pierre Durand,
et prétendait que le jeune pasteur ignorait les
règles de la procédure en ces matières.

(1) Lettre du 19 février 1744. *Ibid.*
(2) Papiers Lebrat.

De guerre lasse, Desubas se décida à en référer à ses collègues et à venir passer quelques jours auprès d'eux, dans le Vivarais, avant de poursuivre sa mission. Tel n'était pas l'avis de Boyer; mais c'est en vain que ce dernier lui écrivit le 2 mars : « Je suis affligé, au delà de toute expression, de voir la résolution définitive que vous avez prise... L'empressement que j'ai de voir finir cette malheureuse affaire me fait envisager ce retardement avec une extrême peine, » Desubas, laissant Louis Ranc dans le Midi et passant par Saint-Ambroix et Vallon, où il accomplit quelques actes de son ministère, revint dans le Vivarais.

Il n'y séjourna que le temps nécessaire pour conférer avec ses frères, et, dès le 17, il était de retour à son poste. Ses amis, qui l'avaient vu repartir sans enthousiasme, ne tardèrent pas à le rappeler : « Le lendemain que vous fûtes parti, » lui écrivait Peirot le 26 mars, « je me transportai dans le Dauphiné, comme nous l'avions résolu. Je n'eus pas de peine à passer le Rhône ; mais j'en eus beaucoup pour trouver ceux que je cherchais. Je fus exposé à la pluie, à la neige et à tout le mauvais temps qu'il faisait dans les montagnes. Je trouvai enfin nos chers confrères, à qui je remis la lettre de M. Boyer et les questions que vous nous proposiez. Après que nous eûmes raisonné ensemble, ils furent d'avis, non de donner de nouvelles instructions à leur député, mais de le rappeler, comme vous l'avez sans doute déjà appris par la lettre qu'on lui a écrite là-dessus. D'abord que j'eus fini avec nos frères, je repris le chemin du Vivarais pour m'entretenir avec M. Coste, afin de vous écrire ensuite d'un commun accord ; mais le temps a été si mauvais, le Rhône si gros, qu'il ne m'a pas été possible de le passer. Voyant donc qu'avant que je puisse trouver M. Coste, il faudra qu'il se passe encore quelque temps, je prends la liberté de vous écrire en mon nom particulier. Mon sentiment serait, si les autres étaient de cet avis, que vous vinssiez avec votre associé. Lorsque vous seriez de retour, nous prendrions de nouveaux arrangements, ou pour continuer ce qui a été commencé, pourvu que les parties conviennent de la manière de procéder, ou pour en venir à un accommodement à l'amiable, si les deux parties voulaient y consentir et s'y aider de leur côté.

» Je suis fâché, Monsieur, que vous ayez eu autant de peine sans avoir rien pu faire. Il est bien triste d'user ses forces pour néant. Je me donnerais l'honneur d'écrire aux corps vers lesquels vous êtes député, mais nos frères de cette province leur écrivent, et je pense que cela suffit. Je le répète encore, Monsieur, je crois que vous ferez bien de vous disposer le plus tôt à revenir au milieu de nous. J'eus l'honneur de vous en dire les raisons de vive voix. Cependant, si vous souhaitez d'être rappelé au nom de tout notre corps, vous ferez comme vous jugerez à propos... Je laisse tout à votre sage prudence (1). »

Cette lettre officielle de rappel dont parlait Peirot ne se fit pas attendre. Desubas la reçut le 16 avril ; elle était signée par Coste et Peirot, qui lui disaient : « Comme vous ne vous croiriez peut-être pas assez autorisé à revenir parmi nous, par la seule lettre qui vous a été écrite par un de nous, nous vous écrivons la présente ensemble pour vous prier de partir incessamment pour assister à la foire qui doit se tenir dans notre province le premier de mai. Le dernier d'avril, à Gamarre (2), on vous donnera de nos nouvelles (3). »

(1) Papiers Lebrat.
(2) Hameau de la paroisse de Saint-Jean-Chambre. La *foire,* c'est-à-dire le *synode.*
(3) *Ibid.*

Dès qu'il eut reçu cette lettre, Desubas se mit en route. Le 14, il était au Mas de Mantes, près de Lédignan, où il bénissait un mariage. Le 25, il baptisait un enfant à Saint-Ambroix, et dès le 27, il était au rendez-vous assigné par ses collègues.

Cependant les pasteurs du Languedoc, opposés au ministère de Boyer, n'avaient pas vu sans déplaisir la mission de Desubas et de Ranc. Ils étaient loin d'approuver cette dernière tentative d'arriver à la vérité, sur cette mystérieuse et déplorable affaire. La culpabilité de Boyer était, pour eux, d'une évidence absolue. Ils se réunirent en synode, et, le 1er mai, ils écrivirent aux pasteurs du Vivarais : « que M. Boyer s'était rendu indigne du saint ministère par l'énormité de ses crimes, et que le rétablissement d'un homme si indigne serait un renouvellement des troubles et un présage de la destruction totale des Eglises. » Ils trouvaient fort mauvais que les pasteurs du Vivarais fussent entrés dans ce qu'ils appelaient « une voie d'accommodement. » A leurs yeux, cette affaire ne comportait qu'une solution : la déposition pure et simple du coupable que prononcerait le synode national. C'était à la province du Vivarais qu'il appartenait de le convoquer. Aussi les pasteurs du Languedoc pressaient-ils leurs collègues de le faire. « Nous vous conjurons de nouveau, » disaient-ils, « et avec toute l'instance dont nous sommes capables, et par les entrailles des miséricordes divines, de convoquer le synode national le plus tôt qu'il vous sera possible, et nous vous déclarons que vous allez vous rendre coupables, devant le Seigneur, de tous les maux que votre négligence à convoquer l'assemblée nationale attirera sur nos Eglises. »

Cette lettre si vive était signée de Claris, modérateur ; Paul Rabaut, modérateur adjoint; Redonnel, secrétaire du synode ; Roux, député des Eglises des Cévennes ; Bétrine, Pradel et Defferre; plus deux prédicateurs (1).

Le conseil des pasteurs du Languedoc était radical ; il l'était trop peut-être. Au fond, rien de plus compliqué que cette déplorable affaire. Trancher ce conflit par un coup d'autorité, c'était, peut-être, consommer un schisme irréparable. Mais, si la culpabilité du prévenu sur le point capital n'était rien moins qu'établie, il tombait sous le coup de la discipline en continuant à prêcher, malgré les synodes. Il méri-

(1) Papiers Chalamet.

tait donc de sérieuses répréhensions, peut-être
même, une suspension provisoire ; mais, cela
fait, l'intérêt supérieur de l'Eglise ne comman-
dait-il pas des ménagements ? Tel était l'avis
de bons esprits qui, répugnant aux mesures
extrêmes, désiraient un arrangement à l'amiable et s'employaient activement à le préparer.
C'était, en particulier, le sentiment d'Antoine
Court. Peirot lui avait fait part de la lettre du
Languedoc. Il reçut de son illustre correspondant la réponse suivante : « La lettre que les
MM. du Languedoc vous ont écrite et dont vous
me parlez me fait beaucoup de peine. Elle me
confirme toujours plus leur éloignement à voir
la fin des troubles par un accommodement.
Mais leurs plaintes, ou les termes dont ils peuvent se servir, ne doivent point mettre d'obstacle à vos bonnes intentions. Il faut les ramener, s'il est possible, non en répondant à leur
lettre en imitant leurs termes, mais avec cette
douceur qui doit être inséparable des ministres
de l'Evangile, et en se servant de toutes les
raisons qui paraîtront les plus propres à faire
impression sur eux (1). »

A cette époque, l'idée d'un arbitrage qui pré-

____

(1) Letre du 31 mai 1744. Recueil de Magnin.

parerait la réunion du synode et dont Boyer accepterait les décisions faisait des progrès. Peirot y tenait beaucoup, et il se rendit dans les Cévennes pour y travailler. Le 15 juillet, il écrivit d'Alais à Coste et à Desubas : « Je vous aurais écrit d'abord que je fus arrivé dans ce pays, n'eût été que j'ai auparavant voulu savoir de quelle manière iraient les affaires... De part et d'autre on s'est engagé, avec bien de peine, à se soumettre au jugement qui sera rendu par sept arbitres, du nombre desquels j'ai l'honneur d'être. Il est nécessaire que j'aie votre consentement pour accepter la commission et pour rendre plus authentique ce qui sera délibéré. J'espère que vous me l'enverrez au plus tôt. Hier, tout acheva de signer le compromis, et, présentement, nous n'attendons que les quatre avocats qui doivent nous être donnés comme adjoints ; et nous travaillerons à la décision de ce célèbre procès au premier jour. Le synode national se tiendra pourtant, s'il est possible, dans le temps que nous avions marqué. Tenez-vous donc prêts. Il faut être accompagné, à tout le moins, de deux anciens. S'il arrivait quelque changement, j'aurais soin de vous informer du tout. Répondez-moi au plus tôt. Apprenez-moi si vous avez eu des nouvelles du Poitou? et si la lettre qu'un de vous devait leur écrire a été reçue? »

Puis il demandait à ses collègues des nouvelles du Vivarais : « Apprenez-moi aussi tout ce qui se passe chez nous touchant les assemblées. En faites-vous toujours beaucoup? Sont-elles nombreuses? Le frère Lacombe (1) prêche-t-il? Le frère Blachon est-il arrivé? Dans ce pays, il n'y a rien qui mérite votre attention. Tout est comme à l'ordinaire (2). »

Cette lettre parvint à Desubas le 26 juillet. Il y répondit cinq jours après, en ces termes : « Monsieur et très honoré frère en Jésus-Christ, samedi dernier, je reçus votre lettre en date du 15 juillet. Je l'envoyai sur-le-champ à M. Coste, qui me la renvoya avec le pouvoir de vous mander ce que je jugerais à propos, m'assurant qu'il approuverait tout ce que j'aurais l'honneur de vous écrire.

» C'est avec un vrai plaisir, monsieur et cher frère, que nous avons appris, par votre moyen, que nos frères se sont enfin engagés à se soumettre à tout ce qui sera décidé par les sept arbitres, du nombre desquels vous êtes.

(1) Surnom de Dunière.
(2) Papiers Lebrat.

Nous souhaitons que cette entreprise aie un heureux succès et qu'elle soit efficace, pour terminer absolument toutes les divisions qui règnent entre nos chers frères.

» Vous demandez, monsieur, un acquiescement pour que vous puissiez accepter la commission d'arbitre. Vous pouvez être assuré, monsieur, que nous consentons que vous acceptiez la commission qu'on vous a *offert* et que nous approuverons tout ce que vous et vos associés déciderez au sujet des différents qui subsistent entre nos frères du bas Languedoc et des Cévennes, étant persuadés que dans cette affaire, vous ne vous proposerez point d'autre but que celui d'avancer la gloire de de Dieu et le salut des Eglises... »

Puis Desubas lui donne sur le Vivarais les détails qu'il désire : « Vous me demandez des nouvelles de ce pays, en voici : M. Lacombe a prêché quelques dimanches. Messieurs Blachon et Dubesset sont arrivés fort heureusement. Ils ont prêché l'un et l'autre. Nos assemblées vont leur train ordinaire. Au sujet des députés pour le synode, M. Coste fit entendre qu'il ne convenait pas que le sieur Durand en fût un, vu qu'il n'est pas ancien, et il a fait nommer le sieur Ducros de Garaix. Nous n'avons pas encore reçu réponse de MM. du Poitou. Nous nous disposons cependant à partir au premier jour. Je serai presque aussitôt là-bas comme ma lettre. M. Blachon sera de notre partie. Je pourrais vous dire bien d'autres petites choses, mais j'espère de le faire de vive voix, lorsque j'aurai l'honneur de vous embrasser (1). »

Il devait le faire bientôt, car, dès le 18 août, le synode national se réunissait au Désert, près de Lédignan. Ce fut l'assemblée la plus considérable qu'on eût encore vue depuis le rétablissement de l'ordre. Dix pasteurs et vingt et un anciens y représentaient treize provinces. Le Poitou y délégua Migault ; la Normandie, Loire ; le haut Languedoc, Viala, qui devait présider les séances ; le bas Languedoc, Rabaut et Gibert ; les Cévennes, Roux et Gabriac, et le Dauphiné, Jacques Roger. Mais l'âme des réunions fut Antoine Court.

Sa lettre à Peirot, citée plus haut, contenait cette phrase : « Il part de ces pays un ami, qui paraîtra dans celui-là (le Languedoc) en qualité de député des amis du pays étranger, qui va seconder vos bonnes intentions et travailler de

______

(1) Recueil de Magnin.

tout son pouvoir à mettre fin aux malheureuses divisions qui déchirent les Eglises. » Cet ami, on l'a compris, c'était Court lui-même. Convaincu que sa présence était nécessaire, il ne craignait pas, quoique sa tête fût mise à prix, d'entreprendre le voyage du Languedoc. Il arrive inopinément au milieu de ces Eglises qu'il n'a pas revues depuis huit ans, qu'il porte toujours dans son cœur et qui l'accueillent à bras ouverts. Il fait ressortir avec éloquence, devant ses collègues, la nécessité de mettre fin aux divisions qui déchirent les Eglises. Il plaide les circonstances atténuantes en faveur de Boyer. Sur son avis et afin de simplifier l'œuvre du synode, le jugement de cette affaire, d'abord remis à sept arbitres, est confié à une commission composée de trois pasteurs, Court, Roger et Peirot, et, le 18 août, elle rend un jugement arbitral en 14 articles : « M. Boyer, » disait le huitième, « demeurera suspendu de toutes les fonctions de son ministère, par respect pour l'ordre et la discipline qu'il est très important de maintenir ; mais, vu les circonstances, l'état présent de la religion et le grand but de la paix que nous recherchons tous avec ardeur, nous avons fixé la suspension dudit Boyer à quinze jours, à compter de la notification qui lui en aura été faite; au bout desquels il se présentera à une assemblée qui sera convoquée par M. Court et l'un de nous, et, là, il témoignera une soumission désormais inviolable à la discipline et une douleur sincère de s'en être écarté ci-devant. »

« Comme l'esprit de division, » ajoutaient les arbitres, « doit être entièrement éteint, nous exhortons tous les fidèles, à peine de censure ecclésiastique, de réprimer tous discours et termes qui pourraient l'entretenir et s'opposer à la pacification, dont le grand but est de les porter à l'union fraternelle qui fasse totalement cesser l'affligeante distinction : « Je suis d'un tel et moi d'un tel, » qui réunisse tous les esprits en Jésus-Christ, notre seul Chef, et qui ne fasse de tous les troupeaux qu'un cœur et qu'une âme. »

« Nous invitons, » disaient-ils en terminant, « tous les fidèles qui ont eu connaissance de nos malheurs et qui les ont partagés avec nous de joindre leurs prières aux nôtres, pour obtenir du Dieu de paix la faveur inestimable que nous lui demandons ici, afin que, nos vœux communs exaucés, ils prennent part à notre joie (1). »

(1) Manuscrits de Court, n° 41.

Le jugement avait été communiqué le 17 août, veille du synode, aux parties. Ni l'une, ni l'autre, comme on pouvait s'y attendre, ne l'approuva complètement. Mais, la première surprise passée, on le signa et l'on comprit qu'étant donné l'état des esprits, il était difficile de faire mieux.

Il restait à rétablir Boyer dans sa charge de pasteur. Cette cérémonie eut lieu près de Sauzet, devant une assemblée qu'on évalua à vingt mille personnes. Court prêcha avec tant de force et d'onction qu'il fit couler bien des larmes. Après lui Boyer se leva, témoigna de son repentir et promit d'observer plus fidèlement à l'avenir la discipline. La joie rayonnait sur tous les visages. On chanta, comme gage de réconciliation, l'hymne du Désert :

> La voici l'heureuse journée
> Qui répond à notre désir.
> Louons Dieu qui nous l'a donnée ;
> Faisons-en tout notre plaisir...

Ensuite Peirot, embrassant dans un même vœu l'Eglise et la patrie, adressa à Dieu une fervente prière pour l'affermissement de l'union entre les fidèles et pour la guérison de Louis XV, alors à Metz, et dont on venait d'apprendre, avec une indicible émotion, la grave maladie. Bientôt après la foule se dispersait et chaque pasteur reprenait le chemin de sa province. Le schisme était terminé.

CHAPITRE VI.

L'ANNÉE PAISIBLE.

Tolérance dans le Vivarais. — Assemblées de jour. — Peirot fait leur apologie. — Activité de Desubas. — Il bénit le mariage de sa sœur. — Les baptêmes au Désert. — Inquiétudes de ses amis au sujet de sa santé. — Il prend les eaux à Vals. — Cantique à l'occasion d'une comète. — Desubas écrit au curé du Guâ, à l'occasion d'un libelle diffamatoire. — Cantique attribué aux protestants. — Lettre de Rabaut au duc de Richelieu.

Le synode de 1744 fut remarquable non seulement par le nombre de ses membres et l'intérêt de ses délibérations, mais encore par la facilité avec laquelle il put se réunir. La cour, toujours engagée dans la guerre de la succession d'Autriche, fermait les yeux sur les infractions des édits, dans l'impuissance de les réprimer. De toutes les provinces arrivaient de bonnes nouvelles. Le feu sacré du réveil, depuis longtemps allumé dans le Midi, gagnait le Nord et l'Ouest. Partout s'organisaient en plein jour des assemblées religieuses, et l'œuvre de restauration, si activement poursuivie depuis trente ans, semblait toucher à son terme.

C'est donc l'espérance et la joie dans le cœur, que Desubas et Peirot revinrent du synode et qu'ils rendirent compte de leur mission devant l'assemblée du 27 octobre, qui s'en déclara « très contente et très satisfaite. » Ils allaient pouvoir s'occuper, sans entraves, de leur œuvre pastorale, car cette tolérance tacite dont nous venons de parler, le Vivarais en bénéficia, durant toute cette année, avant comme après le synode.

Dès le mois de janvier, Peirot écrivait au galérien Espinas : « Ce qui se passe dans le Languedoc et dont vous êtes informé remplit d'espérance tout le monde. On y prêche publiquement, comme vous l'avez appris, sans que personne fasse la moindre défense. On n'a, cependant encore, aucun ordre de la cour qui autorise cela ; mais on regarde son silence comme une marque de son consentement. Nos religionnaires sont aujourd'hui pleins de courage. Si les choses demeurent dans le même état, nous ferons aussi publiquement nos dévotions, s'il plaît à Dieu, d'abord que le beau temps viendra. En attendant, nous voudrions écrire au roi pour l'assurer de notre fidélité et pour le supplier d'avoir compassion de notre triste état. Dans cette requête, nous ne manquerons pas de demander la délivrance de tous ceux qui, comme vous, Monsieur, souffrent pour la défense de notre sainte religion. Priez le Seigneur qu'il bénisse les travaux de tous ceux qui s'intéressent en faveur de Sion dans le deuil (1). »

Quinze jours après, Peirot donnait à Polier les mêmes bonnes nouvelles. « Les démarches ouvertes, » disait-il, en parlant des assemblées en plein jour qui se tenaient dans le Languedoc, « nous font plus de bien que de mal ; elles ont rempli nos religionnaires de courage et d'espérance. Ils sont dans l'idée que nous devons marcher sur les traces de ceux du Languedoc. Je n'ai garde de les faire changer de sentiment ; je tâche, au contraire, étant muni de votre approbation, de les y affermir de plus en plus (2). »

Ce fut le synode du 1er mai, où Desubas, de

(1) Lettre du 17 janvier 1744. Recueil de Magnin.
(2) Lettre du 31 janvier 1744. Papiers Chalamet.

retour de sa mission, assista en qualité de secrétaire, qui prit le grave parti d'autoriser les
assemblées de jour : « La compagnie, » dit le
procès-verbal, « considérant la tolérance dont on
use envers nous, depuis quelque temps, et principalement envers nos frères du Languedoc,
encouragée par ces exemples, de l'avis et du
consentement de diverses personnes qui s'intéressent pour le bien de nos Eglises, a reconnu
qu'il était à propos, vu les présentes circonstances, de cesser de s'assembler de nuit et de
commencer dans peu, si le Seigneur le permet, de s'assembler en plein jour, non pour
causer des troubles et des séditions, mais uniquement pour servir le Seigneur, selon la pureté
de l'Evangile et, cela, sans armes et sans causer
aucun tumulte. Le synode fait des vœux très
ardents pour la réussite de cette sainte entreprise, et il exhorte tous les fidèles d'adresser à
Dieu des prières ardentes à ce sujet (1). »

Elle se réalisa bientôt, et des foules nombreuses se groupèrent, en plein jour, autour
des pasteurs ; mais les autorités s'en émurent,
et, dès le second dimanche, un gentilhomme
catholique du voisinage, M. de Chambaud, parut

(1) Recueil de La Voulte.

dans une assemblée présidée par Peirot. Il traita les protestants de rebelles et d'ennemis de sa Majesté, et les menaça de toutes sortes de rigueurs, s'ils continuaient à se réunir. Ainsi l'édit de 1724 n'était rien moins qu'aboli. La bienveillance n'était pas la tolérance, encore moins la liberté. On faisait semblant d'ignorer les protestants, aussi longtemps qu'ils restaient dans l'ombre. Mais, dès qu'ils levaient la tête, ils s'attiraient toutes les foudres du pouvoir.

Peirot ne se laissa pas intimider et, de concert avec ses collègues, il adressa, le 19 mai, à M. de Chambaud une apologie de leur conduite. Ils protestaient avec énergie contre l'accusation de révolte et de trahison. Ce sont, disaient-ils en substance, nos assemblées en plein jour qui ont servi de prétexte aux calomnies dont on nous a noircis, à l'accusation de rébellion contre le prince. Mais qui ne voit le peu de fondement d'une si grave accusation ? Les conspirateurs ne se livrent pas à des démarches ouvertes. C'est dans l'ombre qu'ils ourdissent leurs trames. Si les protestants se rassemblent en plein jour, leur conduite est faite pour bannir les soupçons, bien loin de les inspirer. Et d'ailleurs, le culte qu'ils rendent à Dieu, et qui leur fait affronter la perte de leurs biens et de leur vie même, n'est-il pas une preuve de la droiture de leurs intentions?

« Je vous prie de considérer encore, Monsieur, » ajoutait Peirot, « ce qui s'est passé parmi nous depuis environ vingt ans qu'il y a des ministres. On a payé les amendes sans murmures, souffert les galères, les prisons, sans se rebeller non seulement contre les gouverneurs, mais pas même contre le moindre particulier. Vous le savez, Monsieur. Les ministres n'ont donc pas causé des émeutes, des troubles dans l'Etat. Ils ont, au contraire, inspiré au peuple un esprit de paix et d'obéissance, retenu dans le royaume divers particuliers, qui en seraient sortis avec leur argent, s'il n'y avait pas eu des personnes qui les eussent mis en état de faire quelque petit exercice de leur religion. J'espère, Monsieur, que vous excuserez la liberté que je prends de vous alléguer ces raisons pour notre justification, et que vous voudrez bien encore employer votre grand crédit en notre faveur, pour nous justifier auprès du roi et de ses ministres (1). »

Cette justification eut-elle le résultat attendu, ou la prudence qu'on mit dans la convocation

____

(1) Papiers Chalamet.

des assemblées vint-elle arrêter les poursuites? On serait porté à le croire en les voyant
se multiplier à cette époque. Rien de plus pitto-
resque que la célébration du culte proscrit. On
connaît le tableau de Bose que la gravure a
popularisé parmi nous. Dans un amphithéâtre,
formé par des rochers à pic, se dresse la chaire
portative du Désert. Une foule compacte et
debout l'environne. Pour se préserver des ar-
deurs du soleil languedocien, les auditeurs
qui forment le dernier rang ont ouvert leurs
ombrelles. Quelques fidèles en retard pressent
le pas pour profiter du sermon qui commence,
tandis que des sentinelles, postées sur les hauteurs, gardent l'entrée du sanctuaire. Modifiez
quelques détails. Imaginez un étroit vallon,
quelque gorge abritée des montages, avec une
pelouse pour tapis et pour dôme le feuillage de
châtaigniers séculaires. Remplacez les habits
des citadins de Nîmes, ou des riches paysans
de la Vaunage, par l'humble vêtement de bure
du montagnard, et vous aurez l'idée d'une assemblée du Désert dans le Vivarais.

Desubas en présida un grand nombre durant
cette année de calme relatif. Quoique bien jeune
encore, l'épreuve avait mûri sa foi. « Il était
d'un rare mérite, » a dit de lui Armand de la

Chapelle, et il avait gagné le cœur de ses coreligionnaires, autant par ses qualités morales et la profondeur de sa piété que par les dons de son intelligence. Aussi accouraient-ils en foule à ses prédications. Il nous semble le voir, dans la chaire du Désert, distribuant à ses auditeurs le pain de vie. Sa taille est élancée; ses traits, quoique éprouvés par la maladie, s'animent quand il parle des choses de Dieu. Il porte la robe pastorale et un rabat noir, liseré de blanc, large et court, à la mode du temps. On voudrait transcrire ici quelques extraits de sa prédication, et la caractériser en connaissance de cause. Mais les quatre cahiers de sermons trouvés sur lui quand on l'arrêta furent brûlés par la main du bourreau. Il faut nous en tenir à ce que dit M. Mazade d'une homélie de Desubas qui a passé sous ses yeux : « Il y règne le même ton de simplicité et de conviction chrétienne que dans ses lettres. » On verra, par les dernières qu'il ait écrites, quelle onction pénétrante devait avoir sa parole (1).

______

(1) Desubas a pris soin d'indiquer lui-même, sur une feuille de papier, les textes suivants qu'il avait traités. On verra que la plupart conviennent admirablement à des temps de persécution : Genèse, I, 26 ; Matthieu, V, 7 ; V, 3 ; V, 11-12. Marc, VIII, 38. Jean, VI, 27 ; XIV, 16. Luc, XX, 25. Ro-

Une partie essentielle du ministère pastoral consistait dans la célébration des mariages et des baptêmes. On les inscrivait soigneusement sur des registres spéciaux, sorte d'état civil, et qui devenaient, à cette époque où nos pères, mis au ban de la loi, n'avaient pas même le droit légal de naître, de vivre, de se marier et de mourir, comme les archives de la grande famille protestante. Quand l'heure des revendications aura sonné, ils serviront à établir des droits et à réparer des injustices ; car il n'était pas rare de voir des collatéraux avides s'approprier, au nom de lois iniques qui leur étaient favorables, un héritage qui appartenait à des enfants légitimes. Les « Registres des mariages et baptêmes faits au Désert par Matthieu Majal, ministre des Eglises du Vivarais » sont parvenus jusqu'à nous (1). Du 15 octobre 1743 au 28 novembre 1745, c'est-à-dire durant un court ministère de deux ans, il ne célébra pas moins de 354 mariages ou baptêmes.

Ces registres, qui nous donnent une idée de l'activité missionnaire de Desubas, nous appren-

mains, I, 16 ; X, 10. 1 Cor., II, 26. Héb., VII, 25 ; X, 23. 2 Tim., IV, 1-2. Matth., X, 28. 2 Pierre, III, 11-12. Héb., XIII, 6. Archives de l'Hérault.

(1) Papiers Lebrat.

nent aussi dans quels lieux elle s'exerçait. Les pasteurs du Vivarais, trop peu nombreux pour fournir à tous les besoins, n'étaient pas encore attachés, comme ils le furent plus tard (1), à un arrondissement distinct. Toujours en course, ils rayonnaient dans toute la province. Desubas visitait, dans le bas Vivarais, les localités qui avoisinent Vernoux : Boffres, Bruzac, Silhac, Saint-Julien-le-Roux, Saint-Apollinaire-de-Rias, Toulaud, Saint-Jean-Chambre. Il évangélisait les protestants de la vallée de l'Eyrieux, depuis Beauchastel jusqu'aux Ollières; puis, franchissant la rivière, il montait à Saint-Cierge, Pranles, Saint-Etienne-de-Serre, Le Guâ, Marcols, Issamoulens, Ajoux, Saint-Pierreville. Il se rendait aussi dans le Velay, au milieu des Eglises qui forment aujourd'hui le consistoire de Saint-Voy. Partout il remplissait avec joie les fonctions de son ministère. Il ne prenait conseil que de son zèle, non d'une santé toujours chancelante. A Montpellier il avait consulté des médecins habiles qui n'avaient pu guérir une affection devenue chronique. Ses amis auraient voulu qu'il ménageât ses forces. « Le zèle ardent que vous avez pour remplir votre ministère, » lui écrivait le 25 juil-

(1) A partir de 1769. Recueil de La Voulte.

let un anonyme, « et l'indiscrétion de vos clients a miné votre santé. Il faut du relâche pour la rétablir (1). » Court, de son côté, l'assurait « de la sincérité et de l'ardeur des vœux qu'il faisait, pour la conservation et l'affermissement d'une santé qu'il employait si utilement pour le bien des Eglises, » et lui prêchait la prudence. Il passa quelques jours à Vals pour prendre les eaux ; mais ne tarda pas à se remettre à l'œuvre avec courage. L'intrépide jeune homme aurait pu répondre, comme le solitaire de Port-Royal : « Nous aurons toute l'éternité pour nous reposer. »

Au milieu de ses fatigues, Desubas était heureux lorsqu'il pouvait passer quelques heures de repos auprès de sa famille, dans la solitude des Ubas. Cette joie lui fut accordée, le 26 juin de cette année, à l'occasion d'une cérémonie touchante. Isabeau, sa sœur aînée, épousait un protestant de Saint-Félix-de-Châteauneuf, nommé Louis Giraud. Née le 11 août 1709, elle avait onze ans de plus que son frère et lui avait toujours témoigné cette active sympathie qui est l'apanage des sœurs aînées.

(1) Papiers Lebrat. Voici la curieuse adresse de cette lettre : *A Monsieur, Monsieur Sabuhsed (Deshubas) à Salvo (Vals).*

Ce fut avec bonheur que Desubas implora sur son mariage les bénédictions du Seigneur, et qu'il baptisa, moins d'un an après, dans les mêmes lieux, son premier-né (1).

Les baptêmes, que les édits défendaient avec la dernière rigueur, se célébraient à cette époque en grand nombre. Un jour, Desubas, à l'issue d'une assemblée, n'en fit pas moins de vingt-six dans le Velay. Quelle joie pour les pasteurs et les fidèles, et quelle preuve que la vie ecclésiastique s'affermissait ! Mais, souvent, les mères ne pouvaient exposer leurs frêles nourrissons aux intempéries de l'air ; le lieu de la réunion était si éloigné et la bise si glaciale ! Comment attendre, sans danger pour le petit être, la fin de la prédication ! On ne le rappor-

(1) Voici ces deux certificats de mariage et de baptême. On les trouve dans le registre de Desubas : « N° 54. Le vingt-sixième juin mil sept cens quarante quatre, j'ai béni le mariage de Louis Giraud, fils légitime à Jacques et à Sabine Espic, habitant de la paroisse de Saint-Félix-de-Châteauneuf et d'Isabeau Majal fille légitime à Jacques Majal et à Marie Chapon, du lieu des Ubas, paroisse de Vernoux, leur acte reçu par M⁰ Ponce, nʳᵉ le jour de sa date. — Majal ministre. »

N° 246. « Le vingt-sixième may, mil sept cens quarante-cinq, est né au lieu des Ubas, paroisse de Vernoux, Jean Giraud, fils légitime à Louis et à Isabeau Majal, lequel j'ai baptisé le trentième du susdit mois. Le parain a été Jean Riou et la maraine Marie Chapon. — Majal ministre. »

terait pas vivant au foyer. Alors les parents priaient Desubas de venir lui-même administrer le baptême au nouveau-né, et il ne restait pas sourd à l'appel. Nous avons sous les yeux deux demandes de ce genre. Voici la première :

« De Craux (1), ce 18ᵉ novembre 1744.

» Monsieur,

» Monsieur P. et moi nous vous serions bien obligés, si vous vouliez bien prendre la peine de venir jusqu'à Craux pour donner le baptême à un fils *qu'il* m'est né le douze du courant; car il m'a fait de la peine de l'envoyer si loin et dans un si mauvais chemin. Si vous pouviez venir, vous me feriez un sensible plaisir. Au cas où vous ne puissiez, ayez la bonté de me faire savoir où nous vous pourrions trouver plus proche ; quand *il* ne serait qu'à Mallolier ou à Sentenac. J'espère que vous voudrez bien me faire ce plaisir, comme de croire que je suis, avec un profond respect, Monsieur, vo-très humble et très obéissant serviteur.

» B. »

Cette lettre, remise à Desubas par un ex-

(1) Hameau de la paroisse des Vastres, dans la Haute-Loire.

près, portait cette curieuse adresse : « *A Monsieur Desubas, marchand en diligence à son poste;* » et le pasteur avait eu soin d'enlever avec des ciseaux les noms de ses correspondants, ne conservant que les initiales, afin de ne pas les compromettre.

Mais cette précaution, nécessaire sans doute à cette date, l'eût moins été quelques mois auparavant. Les menaces de M. de Chambaud ne s'étaient pas reproduites. Les assemblées se tenaient en plein jour, sans être inquiétées, et nos pères voyaient déjà une ère de liberté se lever sur eux. Leurs espérances se firent jour dans un cantique, composé à l'occasion d'une comète qui parut cette année même, et qu'ils saluèrent comme le présage d'un meilleur avenir. En voici quelques strophes :

Protestants accourez;
Venez, je vous en prie,
A la voix du Seigneur.
Lui-même vous convie
A venir, dans la plaine,
Faire votre oraison,
Former vos assemblées,
Pour bénir son saint nom.

Vive le roi Louis !
Vive le roi de France,
Qui donne à ses sujets
Une grande tolérance !

Qu'il soit de longue vie
Et de jours bien heureux,
Puisque, dans son royaume,
Nous accorde la paix.

Il nous l'accorde à tous,
Sans nulle différence,
Aux villes, aux faubourgs,
Aux quatre coins de France.
Faisons un bon usage
De ce don précieux,
Afin que l'on acquière
Le royaume des cieux (1).

Hélas ! ces sentiments de généreuse confiance allaient être indignement exploités. Dès le mois de juin, le bruit s'était répandu que, dans une assemblée du Dauphiné, Roger avait lu un faux édit de tolérance, qu'il disait émaner de Louis XV, et qui assurait aux protestants le libre exercice de leur religion. C'était là une odieuse manœuvre du clergé, qui, mécontent de la demi-tolérance dont jouissaient nos pères, avait trouvé ce moyen assuré d'attirer sur eux les rigueurs du pouvoir. Louis XV, irrité, chargea le comte d'Argenson d'écrire au parlement de Grenoble, pour démentir cette nouvelle et faire traquer l'insolent ministre. Ce-

(1) Communiqué par M. le pasteur Louis Poulain.

lui-ci répondit avec beaucoup de fermeté,
établissant son *alibi* et témoignant de son plus
grand respect pour l'autorité royale. L'émotion
causée par cet évènement était à peine calmée,
lorsqu'on fit circuler, dans le Vivarais, un
libelle diffamatoire pour les catholiques, qu'on
mit sur le compte des pasteurs. Desubas prit la
plume pour répondre au curé du Guâ, près de
Saint-Pierreville, qui avait surtout colporté ces
calomnies, et sa lettre, qu'il fit signer à son
collègue Dunière dit Lacombe, respire une juste
indignation :

« Nous avons lu, » disait-il à son correspondant, « la copie d'une lettre ou plutôt d'un
libelle séditieux que vous eûtes la complaisance
de communiquer à un protestant de la paroisse
d'Issamoulens. Nous aurions cru que vous de-
viez vous contenter de regarder avec mépris
un écrit si mal conçu, sans daigner y faire la
moindre attention. Mais quelle n'a pas été notre surprise et notre douleur d'apprendre que
cet écrit vous alarme et, surtout, que vous vous
soyez mis dans l'esprit que les ministres en
sont les auteurs. Le titre de séditieux et de
rebelle est si odieux, que nous avons cru que
notre devoir nous engageait indispensablement
à vous écrire, pour vous protester que de sem-

blables écrits ne partiraient jamais de notre part et que nous dirons toujours anathème à ceux qui auront l'audace d'en écrire de tels...

» Nous déclarons d'abord, sincèrement et devant Dieu, que nous regardons la lettre en question comme impertinente, téméraire, impie et séditieuse. Nous ignorons absolument qui en est l'auteur; mais, quel qu'il puisse être, nous le regardons comme un brouillon, un perturbateur du repos public, digne d'être recherché et puni comme un véritable séditieux.

» Après la protestation que nous venons de faire, et que nous sommes persuadés que tous les ministres feraient comme nous, nous pourrions nous dispenser d'ajouter d'autres raisons. Cependant, Monsieur, nous voulons bien vous faire toucher comme au doigt, — s'il est possible, — que ni les ministres du Dauphiné ni ceux du Vivarais, ne sont point les auteurs du libelle qu'on leur attribue, sans la moindre raison... Y a-t-il quelqu'un de signé? Y reconnaissez-vous leur caractère? Quelque personne digne de foi vous a-t-elle assuré l'avoir vu écrire par des ministres? Rien de tout cela. Devez-vous donc soutenir si affirmativement qu'il vient de leur part? Ne craignez-vous point de blesser les lois de la justice et de la charité?

Mettez-vous, pour un moment, à la place des autres. Supposez qu'il se débite un écrit rempli d'hérésies et d'impiétés contraires à vos véritables sentiments. Supposez qu'on trouve à la tête de cet écrit : *Lettre d'un curé du Vivarais*, et qu'en conséquence vous soyez tous poursuivis comme des hérétiques ; faut-il mettre en question de quelle manière vous vous défendriez ? N'est-il pas plus qu'évident que vous demanderiez des preuves, des témoins, et que vous regarderiez comme une injustice qu'on vous condamnât sur de simples préjugés, sans écouter vos raisons ? Vous ne devez donc pas trouver mauvais que nous nous récriions sur le tort que vous nous faites de nous attribuer un écrit sans seing, sans date, rempli d'impertinences et de contradictions. Si la religion que nous professons autorisait la révolte et la rébellion, vous auriez, peut-être, quelque raison de vous défier et de nous attribuer des écrits et des démarches tendant à la sédition. Mais avons-nous jamais reçu, cru, ni enseigné rien de semblable ? Ne faisons-nous pas profession de croire qu'il faut obéir aux puissances supérieures et leur être soumis dans tout ce qui n'intéresse pas la conscience ? Nous sommes-nous jamais départis de cette croyance ?

Depuis qu'il y a des ministres dans le Vivarais, avez-vous vu des révoltes et des soulèvements? N'avons-nous pas supporté tous les mauvais traitements... avec une grande patience ? D'où peuvent donc venir les soupçons que vous formez contre nous? D'où vient que, depuis qu'il n'y a plus de troupes dans le pays, vous êtes tous en alarmes ? Vous direz peut-être, Monsieur, que les assemblées que nous faisons contre les édits sont des rébellions; mais nous vous demandons : Les rois ont-ils droit sur la conscience de leurs sujets ? Nous ne croyons pas que vous ayez de tels sentiments. Croyez-vous encore que les premiers chrétiens, qui faisaient des assemblées contre les édits des empereurs, fussent des rebelles ? Vous n'oseriez le dire, et, si vous le faisiez, vous condamneriez des personnes que vous regardez comme des martyrs et des saints. Sommes-nous donc coupables de nous assembler pour professer publiquement une religion qui n'a rien de contraire aux lois de l'Etat? Quelqu'un de ceux qui ont assisté à nos assemblées nous a-t-il vus armés ?... Si quelqu'un était si insensé que d'oser le dire, il y aurait mille et mille témoins qui le démentiraient. Direz-vous, Monsieur, qu'après l'affaire des Camisards l'on

a tout lieu de se défier des protestants ? C'est
là votre grand retranchement ; mais ignorez-
vous que les ministres n'ont en rien contribué
à cette révolte ?... Ignorez-vous que nous n'avons
rien négligé pour faire revenir nos peuples des
visions du fanatisme ? Ce serait donc sans fondement qu'on nous soupçonnerait de révolte, sous
prétexte qu'un petit nombre de visionnaires,
que nous avons toujours condamnés jusqu'à
les préserver même de la communion, ont
causé autrefois quelque trouble. »

Et le plaidoyer se poursuit avec une vivacité
éloquente qui n'exclut pas une fine pointe de
raillerie. Le libelle disait que les protestants
avaient déjà tiré l'épée hors du fourreau : « Cependant, » fait remarquer Desubas, « voilà
plusieurs jours que ce manifeste a paru, mais
point de gens armés. Ceux qui viennent du
Dauphiné assurent que tout y est tranquille,
qu'on n'y voit d'autre armée que celle du roi
et des alliés, et qu'aucun curé n'a été chassé
ni tué, ni aucune communauté pillée et brûlée
pour les avoir gardés. Cela nous fait penser
aux armées qu'un certain Don Quichotte croyait
de voir et de combattre, et qui ne se trouvaient, au bout du compte, que des moulins à
vent et des troupeaux de moutons. »

Les dernières lignes sont émues, indignées, pleines d'une conviction ardente. On sent que l'homme qui les écrit est prêt, s'il le faut, à souffrir le martyre : « Après tout, le temps nous justifiera... En attendant, Monsieur, souffrez que nous vous priions d'être tranquille, de ne pas vous alarmer, et surtout d'être persuadé que nous n'avons d'autre dessein que de porter les peuples à la vertu. A l'exemple de saint Paul, nous les exhortons à craindre Dieu et à honorer le roi. Si, après cela, nous sommes blâmés et persécutés, nous le serons en bien-faisant. Ce sera pour avoir porté les hommes à se souvenir de leur Créateur, à lui rendre les hommages qui lui sont dus, à se retirer de l'injustice et de la débauche, et à vivre en paix et en concorde les uns avec les autres (1). »

Par une étrange coïncidence, qui n'était pas le simple fait du hasard, tandis qu'un faux édit de tolérance circulait dans le Dauphiné et, sur la rive droite du Rhône, un pamphlet contre les catholiques, on répandit en Languedoc, dans le mois d'août, un cantique qu'on attribuait encore aux protestants et qui portait ce titre : *Cantique nouveau pour demander à Dieu, dans*

(1) Lettre du 24 juillet 1744. Archives de l'Hérault.

les assemblées particulières, l'heureux succès des armes britanniques, sur le chant de la Passion. Deux strophes suffiront pour le juger :

> O Dieu puissant, arbitre de la guerre,
> Fais triompher les armes d'Angleterre.
> Donne puissance et victoire à son roi,
> Le défenseur de ta divine loi.
>
> Si tu lui fais remporter la victoire,
> Nous bâtirons des temples à ta gloire,
> Pour célébrer ton nom, ô Saint des saints,
> Sur les débris des temples des Romains (1).

C'est ainsi qu'épuisant contre nos pères toutes les formes de la calomnie, on les dénonçait encore comme traîtres à la patrie. A l'heure pourtant où on les accusait de connivence avec l'étranger, ils venaient d'affirmer une fois de plus, dans leur synode national, leurs sentiments de respect pour l'indigne monarque qui demeurait à leurs yeux l'oint du Seigneur. Il fallut de nouveau repousser ces imputations odieuses. Les pasteurs reprirent la plume. Desubas et cinq de ses collègues écrivirent, le 21 août, à M. de La Devèze, qui commandait dans le Languedoc en l'absence du duc de

(1) Armand de la Chapelle, ouvrage cité, t. II, p. 228.

Richelieu, pour protester solennellement de leur innocence (1). Peine inutile ! on apprit que Richelieu, en venant aux Etats, y avait apporté une copie du cantique incriminé. La première lettre était donc restée sans effet ; il fallut encore s'adresser à ce dernier, et Rabaut se chargea de plaider auprès de lui la cause de ses frères, dans une lettre pleine d'une raison éloquente que nous voudrions pouvoir citer en entier :

« Nous vous jurons, Monseigneur, » lui disait-il, « nous vous protestons, devant le souverain scrutateur des cœurs qui saura punir un jour les parjures et les hypocrites, que ce n'est point parmi les protestants qu'a été fabriqué l'exécrable cantique qu'on leur attribue. Leur religion ne recommande rien plus fortement que l'obéissance et la fidélité au souverain. Dans les discours que nous adressons à nos troupeaux, nous insistons souvent sur cet article, comme peuvent en rendre témoignage un nombre considérable de catholiques que la curiosité a attirés dans nos assemblées religieu-

____

(1) Voir Armand de la Chapelle, ouvrage cité, t. II, p. 229, et *France protestante*, article *Majal*. — Malgré d'actives recherches, un de nos amis n'a pu retrouver cette pièce aux *Archives nationales* (T. I, 337) où les frères Haag disent l'avoir lue.

ses. Ceux-là peuvent dire s'ils y ont entendu chanter un pareil cantique et si on y fait quelque chose de contraire au bien de l'Etat. Ils ont été témoins des vœux pleins de zèle que nous adressons au Roi des rois en faveur de notre auguste souverain, de la reine son épouse, de Monseigneur le Dauphin et de toute la famille royale, aussi bien que pour tous les seigneurs et magistrats du Royaume, et nommément en faveur de votre Excellence. »

Après avoir dit que la voix publique attribue ce cantique à un catholique et qu'on a vu un prêtre de Nîmes en distribuer des exemplaires, Rabaut poursuit : « Nous sommes affligés, Monseigneur, au delà de toute expression, de ne pouvoir faire connaître à notre auguste Monarque les sentiments qui nous animent. Que ne peut-il lire dans nos cœurs ! Il y verrait, gravés en caractères ineffaçables, le respect le plus profond, l'amour le plus ardent pour sa sacrée personne et une fidélité à toute épreuve pour son service. Si nous faisons des assemblées religieuses, ce n'est ni par mépris pour les ordres de Sa Majesté, ni pour cabaler contre l'Etat. C'est uniquement, Dieu nous en est témoin, pour obéir à nos consciences, pour rendre au Seigneur nos hommages de la manière qui nous paraît lui être la plus agréable, pour nous instruire de nos devoirs et nous exciter à les remplir. Loin que cela soit contraire au bien de l'Etat, il me paraît en être le plus solide fondement (1). »

Mais que pouvaient ces apologies sur des esprits prévenus ? La cour, fermant les yeux à l'évidence, n'attendait que le moment propice pour sévir. L'orage s'approche et sera d'autant plus violent qu'il aura été plus longtemps retardé. L'année paisible va finir pour faire place à l'année terrible.

(1) Armand de la Chapelle, ouvrage cité, t. II, p. 231.

CHAPITRE VII.

LA GRANDE PERSÉCUTION.

L'année 1745 s'ouvrit sous les plus sombres auspices. Les Eglises du Dauphiné, en particulier, furent l'objet des rigueurs implacables du pouvoir. Plusieurs localités de cette province furent occupées militairement dans le courant de janvier. Le 16 février, une nouvelle déclaration du roi vint renforcer les dispositions draconiennes des précédents édits. Elle portait que les nouveaux convertis des arrondissements, où se ferait l'arrestation d'un ministre, devraient payer trois mille livres pour le dénonciateur, tandis que la peine des galères perpétuelles était maintenue pour celui qui donnerait asile aux proscrits.

Cette ordonnance faisait prévoir de nouvelles mesures de rigueur. Nos pères les attendirent de pied ferme, en resserrant les liens qui les unissaient. La correspondance des pasteurs du Désert fut très active durant cette année néfaste. La première pièce de cette période, que nous trouvions dans nos documents, est une lettre circulaire du 12 février, écrite par le haut Languedoc aux autres provinces du Midi, et rédigée par Michel Viala. Il lui paraissait nécessaire, comme il le dit dans son préambule, que les pasteurs se communiquassent leurs idées sur l'état présent des Eglises du royaume, et sur les moyens à prendre pour prévenir les maux dont elles étaient menacées.

Quant à sa province, il ne pouvait en donner des nouvelles satisfaisantes. Si, jusqu'au mois de novembre précédent, elle avait joui d'une tranquillité relative, les choses avaient bien changé depuis. M. de Gudannes, gouverneur du comté de Foix, venait de faire comparaître devant lui quatorze protestants de Mazères et quatorze de Saverdun, d'entre les plus notables. Il en avait renvoyé dix-huit en les menaçant des peines les plus sévères, s'ils retournaient aux assemblées, mais avait enfermé les autres dans les prisons de Pamiers. L'intendant d'Auch suivait l'exemple de Gudannes. Il avait envoyé trois brigades à Mauvezin pour y surprendre des protestants. Ceux-ci, avertis, avaient pris la fuite; mais on avait pillé leurs maisons. Les subdélégues d'Albi, de Castres et de Lavaur venaient aussi de faire arrêter des fidèles et de les enfermer, au commencement de janvier, dans le château de Ferrières, à quatre lieues de Castres.

Pendant ce temps, Viala présidait, aux environs de Montauban, des assemblées qu'une évaluation, sans doute fort exagérée, porte à trente mille âmes. Un jour, il ne bénit pas moins de cent cinquante mariages. Mais la persécution sévit bientôt aussi dans cette ville. L'un des anciens et six autres personnes furent emprisonnés, tandis que dix des plus notables étaient cités devant l'intendant, qui leur défendit d'assister désormais aux assemblées, en les menaçant des peines les plus sévères en cas de récidive. Tout cela avait jeté l'alarme dans les cœurs et plusieurs protestants avaient fui. « Nous nous sommes pourtant raidis jusqu'ici contre l'orage, » disait l'ancien modérateur du synode, « et nous sommes fermement résolus de sacrifier tout, plutôt que de renoncer à nos saints exercices. Le nombre des fidèles dans cette résolution surpasse de beaucoup celui des timides. » Puis il ajoutait, tout en reconnaissant que la confiance en Dieu et la pratique des vertus chrétiennes étaient les moyens les plus efficaces qu'ils pussent mettre en usage dans la crise présente, qu'il serait bon d'envoyer des placets au comte de Saint-Florentin, qu'on dit être « d'un caractère bienfaisant et éloigné des voies de violence, » en même temps qu'au duc de Richelieu, commandant de la province. « Ces démarches, » disait-il en terminant, « pourraient devenir efficaces par la bénédiction divine (1). »

Desubas et ses amis voulaient mieux encore. Ils souhaitaient, dans l'innocente candeur de leur âme, qu'on s'adressât au roi lui-même et qu'on déposât une requête aux pieds de Sa Majesté. Desubas en écrivit à Gal-Pomaret, de Ganges, homme actif et lettré, le pasteur in-

____

(1) Recueil de Magnin.

fluent des basses Cévennes, qui eut l'honneur d'entretenir une correspondance suivie avec Voltaire et Rousseau, et qu'un document du temps, émané d'un traître, nous représente comme un ministre « très à craindre (1). » Desubas lui disait que les mouvements que se donnaient les ennemis de la vérité intimidaient quelques réformés : « Nous ne sommes pas surpris, Messieurs et très honorés frères, » lui répondit le pasteur de Ganges, « que les bruits qui courent, les démarches qu'on fait contre nous, intimident quelques-uns de ceux qui composent votre troupeau. Plusieurs suivent Jésus-Christ sur le Thabor qui ne le suivraient pas sur le Calvaire. La persécution sert à nous faire démêler les sentiments de leurs cœurs et les voies dans lesquelles ils marchent.

» Nous voyons avec peine, Messieurs et très honorés frères, les démarches qu'on fait à notre égard, mais nous n'en sommes pas étonnés. Il faut que la haine qu'on a pour nous éclate toujours par quelque endroit. Heureux si on s'arrête là. Nous avons lieu de le présumer. La cour, à ce qu'on publie, veut aujourd'hui être

____

(1) *Bulletin*, t. VII, p. 463. Voir aussi pour sa correspondance avec Voltaire, t. VIII, p. 484.

tolérante. Si elle l'examine, nous sommes dignes d'être tolérés. »

Ce qui rendait Gal-Pomaret optimiste, c'est que l'état des Eglises de sa région était le même qu'à l'époque où Desubas et Peirot les avaient visitées, à l'occasion de l'affaire Boyer. Dans une seule, celle de Milhaud, la maréchaussée avait arrêté deux fidèles. Mais il ajoutait : « Nous baptisons des enfants, nous bénissons des mariages en quantité. Nous ne nous sommes pas encore aperçus que les bruits qui courent aient ralenti guère de personnes. » Il estimait, toutefois, que Desubas et ses collègues feraient bien de donner suite à leur projet et disait en terminant :

« Nous croyons, Messieurs et très honorés frères, que les circonstances sont favorables pour demander quelques faveurs à Sa Majesté. Des personnes de mérite l'ont également cru, et, à ce qu'on dit, se sont exécutées pour cela. S'il est vrai, comme nous en sommes presque persuadés, nous saurons dans peu les dispositions de Sa Majesté. Rien n'empêche néanmoins que vous exécutiez votre sentiment ; nous y souscrirons avec plaisir.

» Continuez, Messieurs et très honorés frères, à nous écrire ; nous vous en supplions.

C'est pour nous une douce satisfaction d'être en relation avec vous. Dieu daigne répandre sur vous ses grâces, bénir vos travaux, vous faire prospérer, en faisant triompher son Eglise (1). »

Les événements qui se passaient sur la rive gauche du Rhône auraient un peu ébranlé, s'il les avait connus, la confiance de Pomaret. Le jour même où il écrivait sa lettre, son jeune collègue, Louis Ranc, arrivait à Grenoble pour se voir condamner à la potence. Cet ami de Desubas, dont il avait secondé la mission en Languedoc, avait été arrêté à Livron le 16 février, et un mois ne s'était pas écoulé qu'il subissait le dernier supplice à Die, le 12 mars, avec une admirable constance.

Ce coup terrifia les Eglises. Quelques jours avant l'exécution du martyr, Daniel Vouland, écrivant aux pasteurs du Vivarais, leur faisait part de ses sombres pressentiments : « Il n'y a que de tristes nouvelles à vous communiquer, » leur disait-il. « M. Ranc a été traduit à Die où il y a toute apparence qu'il sera exécuté, puisque le bourreau qui l'accompagne lui a coupé les cheveux. Il a été escorté par quel-

(1) Lettre du 1er mars. Papiers Lebrat.

ques compagnies de soldats. Vous sentez les mesures que nous avons à garder, nous, pasteurs. Quelques personnes étourdies coururent par ci par là. On publia d'abord que j'avais ordonné de l'aller enlever, ce qui engagea M. Roger à faire publier le contraire ; car cela était capable de nous faire regarder à la cour comme chefs de sédition, et, peut-être qu'en conduisant M. Ranc de cette manière, on se propose pour but d'exciter des séditions, pour avoir raison de nous détruire... Dieu veuille fortifier notre cher frère, le faire triompher dans les tentations et couronner ses souffrances de la gloire de son paradis : c'est de quoi nous devons être assurés (1). »

Dans sa lettre, Vouland se reprochait de n'avoir pas agi avec plus d'empressement pour sauver son ami. Malgré les reproches qu'il s'adresse, il n'était pas resté inactif. Il avait écrit à Court pour lui demander d'intéresser au sort du prisonnier le pasteur Ostervald de Neuchâtel, qui, par l'intermédiaire du roi de Prusse, allié de la France, aurait pu agir, à son tour, sur Louis XV. Mais le procès fut conduit avec

(1) Recueil de Magnin.

trop de rapidité pour que ces démarches, si on les tenta, eussent le temps d'aboutir (1).

Court suivait avec anxiété de Lausanne les diverses phases de la persécution. Profondément ému du martyre de Ranc, et prévoyant les dangers qui menaçaient les pasteurs du Vivarais, il écrivit une lettre à Peirot pour lui recommander, ainsi qu'à ses collègues, la plus grande prudence dans la convocation des assemblées :

« J'ai appris, » lui disait-il, « les tristes nouvelles du Dauphiné et le glorieux martyre de M. Ranc. Toutes ces choses demandent des réflexions que je n'ai pas le temps de coucher sur le papier, et je ne mets la main à la plume que pour vous informer des craintes où nous sommes que M. de Lautrec ne se rende dans votre province, pour y intimider nos frères et y donner des exemples. L'orage ne sera que de peu de durée, s'il plaît à Dieu. La saison avancée, les armées prêtes d'entrer en campagne, la grande attention de la cour aux affaires de l'Europe et à la guerre où elle se trouve enga-

(1) Voir, pour plus de détails, la notice que nous avons consacrée à ce martyr : *Un martyr de vingt-six ans, Louis Ranc, ministre sous la Croix dans le Dauphiné.* Paris et Nîmes, 1873.

gée, ne nous permet pas de le penser autrement. Mais il importe , en ne se laissant point abattre , — car il est nécessaire de témoigner plus de fermeté que jamais, — de se conduire avec beaucoup de prudence et de circonspection. Surtout vous, Monsieur, et Messieurs vos collègues , il faut éviter avec toutes sortes de soins de donner dans des pièges qu'on ne manquera pas de vous tendre. Défiez-vous de toutes ces manœuvres des curés qui se sont rendus dans l'assemblée de M. Dubesset. Elles renferment des dessous de cartes qui ne manqueraient pas de vous être funestes. Peut-être serait-il aussi à propos que les personnes les plus notées du milieu de vous s'absentassent, sous quelque prétexte, pour quelque temps, des lieux de leur demeure. Tenez-moi informé de tout, et donnez-moi, autant que vous le pourrez, de vos chères nouvelles. Ma propre tranquillité vous le demande. Le Seigneur vous garde de tout mal, vous et tous nos frères que je salue cordialement. Ne délaissez point vos saintes convocations. Encore un peu, et Celui qui doit venir viendra ; tout à vous et bien (1). »

En même temps qu'à Pomaret, Desubas avait

(1) Lettre du 19 mars 1745. Recueil de Magnin.

écrit à Redonnel, l'un des pasteurs influents
du Languedoc. Nous avons sa réponse du
24 mars. Il approuve le projet d'une requête à
Louis XV, dû à l'initiative du Vivarais, en même
temps que l'idée d'écrire à Saint-Florentin et à
Richelieu, mise en avant par Viala. Lui aussi a
de mauvaises nouvelles à donner de ses Eglises. Après un temps de calme relatif, voilà que
la persécution sévit de nouveau. Deux personnes de Montpellier, un marchand de Saint-An-
dré près de Lodève, trois notables de Nîmes et
deux de Bédarieux sont au fort de Brescou.
Deux gentilshommes d'Alais viennent d'être
enfermés dans le fort de cette ville et la citadelle de Montpellier a reçu de nouveaux prisonniers. A Nîmes, on a pris encore six personnes,
accusées d'avoir vendu des livres venus de
Genève, tandis que deux protestants de Lunel
étaient comdamnés à une forte amende, l'un
pour avoir ouvert sa maison à une réunion de
chant, et l'autre pour y avoir conduit son fils :
« Cependant, malgré tout cela et quelques autres pareilles amendes, » ajoutait le pieux pasteur, « toutes les Eglises de cette province, à
l'exception de celle de Montpellier, dont la
scandaleuse lâcheté est regardée ici comme la
cause du renouvellement de nos maux, sont

disposées à souffrir tout, plutôt que de se priver du précieux avantage de s'assembler religieusement et de faire célébrer leurs mariages et leurs baptêmes par leurs pasteurs légitimes (1). » Sur ce point les avis étaient unanimes.

Il fallut bien cependant que le Dauphiné interrompît ses assemblées. La persécution s'acharnait sur cette malheureuse province. Après le martyre de Louis Ranc vint celui de Jacques Roger. Ce patriarche des Eglises du Désert, qui était parvenu à l'âge de soixante et dix ans, sans que son zèle se fût un instant refroidi, fut arrêté aux Petites-Vachères, près de Die, le 29 avril. « Qui êtes-vous? » lui demanda l'officier de la maréchaussée. —« Je suis, »répondit l'héroïque vieillard, « celui que vous cherchez depuis trente-six ans. Il était bien temps de me trouver. » Enfermé dans la tour de Crest, puis traduit devant le parlement de Grenoble, Roger fut pendu dans cette ville le 21 mai, et son corps jeté dans l'Isère. Ses dernières paroles furent : « La voici l'heureuse journée et l'heureux moment que tu as longtemps désiré. Réjouis-toi, mon âme, tu vas maintenant comparaître devant ton Dieu (2). »

(1) Recueil de Magnin.

(2) Voir, pour plus de détails, notre travail : *Un martyr du Désert, Jacques Roger*. Toulouse, 1875.

Ce nouveau coup porta la terreur dans les
Eglises du Dauphiné. Les assemblées furent
suspendues et les collègues de Roger se réfu-
gièrent en Suisse pour laisser passer l'orage.
L'un d'eux, D. Vouland, se contenta de tra-
verser le Rhône et d'offrir ses services aux
Eglises de la rive droite moins ép'ouvées.
On venait d'y arrêter un gentilhomme, « fort
zélé pour la religion, » et l'on avait affiché
dans toutes les paroisses les arrêts du parlement
de Grenoble. A cela près, on y était assez tranquille. Nous avons une lettre de Vouland, datée du Vivarais le 15 juillet. Il nous apprend
que les pasteurs de la province venaient de
recevoir, d'un ami inconnu de Paris, l'avis que
les assemblées religieuses, qui s'étaient multi-
pliées ces derniers temps, intriguaient la cour.
Elle craignait que les protestants ne fussent
d'intelligence avec les puissances maritimes. On
mettait sur leur compte un amas d'armes qu'on
avait découvert à Lyon. On prétendait que des espions anglais s'étaient dirigés du côté de Montauban, et la cour allait envoyer des troupes dans le
Midi pour le contenir dans l'obéissance. Comment
prévenir les nouveaux malheurs dont les Eglises étaient menacées ? L'anonyme parisien in-
diquait plusieurs moyens. Le premier, c'était

d'effacer, autant que possible, de l'esprit de la cour, les sinistres interprétations auxquelles donnait lieu l'insubordination prétendue des réformés et de présenter dans ce but, au nom de tous, une requête bien « minutée » au roi lui-même. Le second, c'était d'envoyer au roi de Prusse une députation de quelques personnes expérimentées, qui lui représenteraient respectueusement les cruautés exercées contre ses coreligionnaires, et lui feraient comprendre que s'ils s'assemblent, c'est sans mauvais dessein, sans armes, uniquement en vue de servir Dieu selon les mouvements de leur conscience. Il aurait voulu encore qu'on tentât les mêmes démarches auprès des rois de Suède et de Danemark, et qu'on fît entrer les puissances maritimes dans ces vues, afin que, dans le prochain traité de paix, on stipulât quelque clause en faveur des protestants.

On a vu que c'était là, depuis quelque temps, le plan de conduite auquel s'étaient arrêtés Peirot et Desubas. Ils remercièrent leur correspondant anonyme de ses bons avis, en l'assurant de leur fidélité au roi ; puis Peirot écrivit à Court, au nom de tous, en le priant de hâter la publication de son apologie des Eglises réformées et en lui parlant des tentatives qu'ils allaient faire auprès du pouvoir.

Requêtes inutiles, quoique sans cesse renouvelées ! Elles ne parvenaient pas à leur adresse et ne modifiaient en rien la situation. C'étaient les craintes chimériques qu'ils inspiraient qui faisaient, en partie, la sûreté de nos pères. Une détente sensible dans la persécution se produisait toujours, quand les nécessités de la guerre réclamaient toutes les troupes à la frontière. On avait peur que des mesures de rigueur, que n'appuierait plus la force armée, ne soulevassent les protestants. Alors la cour, ne pouvant sévir, prenait le parti de temporiser, et, recommandant la circonspection aux intendants, elle les exhortait même « à contenir le zèle dangereux des ecclésiastiques, des consuls et des anciens catholiques (1). » Mais quand, par la bataille de Fontenoy, gagnée le 11 mai sur les Anglais, les Autrichiens et les Hollandais coalisés, le maréchal de Saxe, qui était pourtant luthérien et dont le nom eût dû couvrir ses coreligionnaires, eut ramené la victoire sous nos drapeaux, la cour crut le moment venu de porter un grand coup dans le Vivarais et d'abattre, selon son langage hautain, « l'insolence

(1) *France protestante*, article *Majal*.

des nouveaux convertis. » — « Les amendes frappées sur les arrondissements protestants, » écrivait, le 4 décembre , Saint-Florentin à La Devèze, « ne suffisent pas pour les contenir. Rien ne peut faire plus d'impression que le supplice d'un prédicant, et il est fort à désirer que vous réussissiez dans les vues que vous avez d'en faire arrêter quelqu'un (1). » La Devèze mit aussitôt ses espions en campagne et, huit jours après, Desubas tombait dans ses mains.

(1) *France protestante*, article *Majal.*

CHAPITRE VIII.

ARRESTATION ET MASSACRE.

Le plateau de la haute Loire. — La maison de Menut dit Rochette. — Le traître Chevalier. — Arrestation de Desubas. — Interrogatoire à Saint-Agrève. — Etienne Gourdol. — Rencontre du bois de la Trousse. — L'assemblée des environs de Vernoux. — Le massacre du Pré-Long. — La jeunesse des Boutières prend les armes. — Lettre de Desubas. — M. de Maran. — Appréciation de La Chapelle.

Sur le versant oriental des montagnes du Vivarais, au pied du Mézenc, ce roi des hautes Cévennes, dont le sommet atteint près de deux mille mètres au-dessus du niveau de la mer, se déroule un plateau élevé, couvert de pins et de quelques bouquets de sapins, de pâturages et de champs de seigle, semé de bosquets de frênes et de hêtres, entrecoupé de torrents limpides et murmurants. Le paysage de ces contrées porte un cachet de douce gravité, comme le remarque quelque part M. Edmond Hugues. Le caractère des habitants est en harmonie avec celui du pays. Parmi les huit mille protestants qui peuplent ce plateau et y forment six vastes paroisses, on retrouve, plus qu'ailleurs, avec des ombres inévitables, les traits dominants de la piété huguenote : ferveur, simplicité, noble et sainte indépendance. Un prédicateur fidèle est assuré d'y faire, en peu de temps, une ample moisson d'âmes. Il en était ainsi au dix-huitième siècle. Une preuve de la vie religieuse de ces contrées, c'est qu'elles donnèrent le jour à quelques-uns des pasteurs les plus dévoués du Vivarais : Peirot, Morel-Duvernet, Pélissier. — C'est dans ces quartiers, au hameau du Mazel, sur la route de Saint-Agrève à Tence, que Desubas fut arrêté dans la nuit du 11 au 12 décembre (1). Il devait présider le lendemain une assemblée dans le bois de Larcisse et il était venu chercher pour la nuit un refuge dans la maison de Menut dit Rochette, son coreligionnaire, qui jouissait d'une certaine aisance et avait l'habitude de loger les ministres.

Desubas y arriva assez tard dans la soirée :

(1) Et non le 6 avril, comme le dit M. Read, article *Desubas*, dans l'*Encyclopédie des sciences religieuses.*

« J'entrai, » nous dit-il lui-même, « je vis la femme de Rochette, sa sœur, des domestiques. Je souhaitai le bonsoir et je fus me mettre auprès du feu, à cause du grand froid qu'il faisait (1). » Malheureusement un traître, nommé Chevalier, de Saint-Agrève, que la complainte stigmatise avec raison sous le nom de « Chevalier Judas, » était aux aguets. Ce malheureux, poussé par l'appât des trois mille livres offertes à qui livrerait un ministre, courut avertir le détachement de Saint-Agrève. Le lieutenant Charles de Sauzay prit aussitôt deux sergents et vingt-six fusiliers du régiment de Bourges et se rendit au milieu de la nuit au lieu indiqué. Pendant qu'un soldat gardait la porte, les autres montèrent au premier et pénétrèrent dans la chambre de Desubas : « Voici celui que nous cherchons, » dit l'un d'eux, en l'apercevant, sans toutefois le reconnaître. Alors Desubas répondit : « Oui, c'est moi ; » sur quoi le traître qui les conduisait dit : « Attachez-moi cet homme-là ; c'est lui que nous cherchons (2). »

Jean Menut était à Saint-Agrève quand le pasteur descendit chez lui. Il rentra assez tard

(1) Archives de l'Hérault. Interrogatoire de Desubas.
(2) *Ibid.* Déposition des témoins.

dans la nuit , trop tôt toutefois pour éviter le sort de son hôte. Tous deux furent arrêtés et conduits aussitôt à Saint-Agrève. On les enferma dans la maison du sieur Raymondon, du Pontet, où le commandant du lieu vint leur faire subir un premier interrogatoire. Il demanda à Desubas son nom , s'il avait de l'argent et ses registres : « Le ministre répondit catégoriquement, » dit La Chapelle ; « il articula son nom, dit qu'il n'avait qu'un louis neuf et quelque monnaie , et qu'à l'égard de ses registres , il n'en avait que quelques petits brouillards. Ce qui fit qu'on lui demanda où étaient donc les registres eux-mêmes. A quoi il répondit qu'il ne pouvait pas le dire , par la crainte qu'il avait qu'on ne fît de la peine à ceux entre les mains de qui ils étaient (1). »

Le lendemain , à deux heures du matin , le lieutenant de Sauzay, à la tête de trente hommes , conduisit à Vernoux les prisonniers. Au hameau de Cluac, dans la paroisse de Saint-Basile, le pasteur fut reconnu, vers les huit heures , par un de ses paroissiens, Etienne Gourdol, qui, touché de compassion en voyant « ces colombes au milieu de ces vautours, » réunit

(1) Ouvrage cité, t. II, p. 312.

une vingtaine de ses voisins et vint, avec eux,
attendre le détachement au bois de la Trousse,
à un quart de lieue de Vernoux. Ils étaient
sans armes et n'avaient qu'un but : obtenir, par
leurs prières, de la pitié du commandant, la liberté des prévenus. Leur demande fut repous-
sée avec hauteur. Alors Gourdol, se jetant au
cou du pasteur, déclara qu'il ne le lâcherait
point. Les soldats firent feu. Gourdol et cinq
de ses compagnons furent tués (1) et quatre
faits prisonniers. Desubas lui-même fut blessé
d'un coup de baïonnette à l'épaule.

Le ministre fit son entrée à Vernoux à dix
heures du matin, au milieu des huées d'une
population fanatisée. Une assemblée se tenait
dans le voisinage. Dès qu'elle apprit la triste
nouvelle, elle accourut en tumulte vers le
bourg : « C'était, » dit Peirot, « une troupe de
gens de tout âge, de tout sexe, conduits par
un amour excessif pour leur cher pasteur. »
Ils étaient sans chefs et sans armes et ne cal-
culaient pas, dans leur imprudente ardeur,
les suites que pourrait avoir leur démarche.

(1) Matthieu Courtial, Claude Rias, Jacques Jullien, Jean-
Pierre Voujas. Ce dernier ne mourut que trois jours après, des
suites de ses blessures. On ignore le nom du cinquième. La
Chapelle, ouvrage cité, t. II, p. 313.

Un seul désir les animait : obtenir, à force de supplications, la délivrance de Desubas. Ils étaient environ à quatre cents pas de la ville, lorsque quatre notables, le juge Afforty, le consul Abriac, Montagne et Garnier, venant à leur rencontre, les prièrent de ne point entrer dans le bourg. Ils ajoutèrent qu'on leur rendrait leur ministre après avoir conféré avec lui.

Au lieu de tenir leur promesse, ces hommes se réunirent avec les officiers de la garnison chez Ponce, notaire de la ville, très prévenu contre les protestants. On y décida qu'au lieu de rendre le ministre, on ferait feu sur la foule si elle approchait. Le juge Afforty vint donc la prier de se retirer, en disant qu'il était inutile d'attendre la délivrance du prévenu.

Malgré cet avertissement, ces personnes, trompées dans leurs espérances, pénètrent dans le bourg : « Elles faisaient, » dit La Chapelle, « retentir les airs du bruit de leurs cris et de leurs gémissements ; il se peut même que, dans l'excès de leur douleur, il s'y mêlât des menaces confuses (1). » Mais, à peine ce rassemblement, qui pouvait s'élever à deux mille personnes, fut engagé dans les rues, que quelques habi-

______

(1) Ouvrage cité, t. II, p. 315.

tants, de concert avec les soldats de l'escorte, firent un feu nourri des fenêtres. Ce fut une scène épouvantable. Trente personnes furent tuées (1) et une centaine plus ou moins grièvement atteintes.

On a bien raison de dire que l'odeur du sang enivre. Les habitants de Vernoux et les soldats de l'escorte, fous de rage, voulurent consommer leur victoire. Ils se livrèrent sur les morts à toutes sortes d'infamies et les blessés furent exposés, sans vêtements, aux rigueurs d'une nuit glaciale, en attendant qu'au point du jour on achevât de les égorger. Cinq d'entre eux, ne prévoyant pas le sort qui les attendait, se traînèrent péniblement chez un chirurgien pour se faire panser ; ils furent lâchement assassi-

(1) La Chapelle cite les noms de ces victimes. Nous en rectifions l'orthographe d'après les indications que nous a fournies M. le pasteur de Magnin : Guillaume Boyer, Claude et Daniel Vernat père et fils, Marchon, Simon Bernard, Jean-Pierre Clot, Boissy de Rias, Pierre Briand, Jean-Jacques Bravaix Jean Lapra, Jean-Pierre Léorier, Jean Léorier, Ponce, Jean Garayt, Jacques Bonnet, Jacques Bourrette, Isaac-Jean Tracol, Jean-Paul Rossille ; Tausson, beau-frère du pasteur Fauriel dit Lassagne, dont nous avons raconté la mort violente ; Jacques Prancuf, Gabriel Beriou, Pierre Vallat, Matthieu Poliac, Jean-Pierre Rissoan, Jean-Jacques Riou, un tisserand du lieu de Champ et une femme, Claudine Téron, dite la Noaille.

nés. On voit à l'est de la ville une vaste prairie nommée le *Pré-Long*. C'est là qu'eut lieu cette rencontre sanglante, désignée dans les annales protestantes sous le nom de massacre de Vernoux.

Ce douloureux événement fut bientôt connu dans toutes les Boutières. Il y souleva une émotion passionnée. La jeunesse de ce canton et de celui des montagnes, où l'on avait arrêté Desubas, prit les armes et résolut de venger les victimes de Vernoux. Bientôt des attroupements considérables se formèrent de toutes parts. Les pasteurs du Vivarais, comprenant l'extrême gravité de cette révolte naissante, travaillèrent activement à l'étouffer. Ils allaient, de groupe en groupe, supplier avec instance leurs paroissiens de déposer les armes et de rentrer dans leurs foyers : « Ce n'est qu'à cette condition, » leur dit Peirot, le plus vénéré de tous, « que je continuerai mon ministère au milieu de vous. »

On avait enfermé Desubas et ses compagnons de captivité dans la prison, maintenant transformée en cave, du château de la Vérune. Nous n'avons pu contempler sans émotion ces murs épais, ces voûtes basses et ces lucarnes grillées qui ne laissent pénétrer qu'un jour douteux dans l'intérieur. De là, le jeune confesseur put entendre le bruit de la fusillade et du massacre. Oublieux de son intérêt pour ne songer qu'à celui de ses frères, il écrivit ce billet aux attroupements en armes qui environnaient Vernoux : « Je vous prie, messieurs, de vous retirer ; les gens du roi sont ici en grand nombre ; il n'y a eu déjà que trop de sang répandu. Je suis fort tranquille et entièrement résigné aux volontés divines (1). »

Les jeunes Vivaraisiens obéirent à la voix de leurs conducteurs. Malheureusement six d'entre eux, en retournant chez eux, rencontrèrent un détachement du Cheylar, commandé par M. de Maran. Ils voulurent fuir, mais on tira sur eux. Les deux frères Courtial et Pierre Véron furent tués. Quant aux trois autres, ils allèrent grossir, dans le château de la Vérune, le nombre des prisonniers (2).

Tel fut le tragique événement qui eut un si douloureux retentissement dans le Midi protestant et dont nos pères ne furent responsables que dans la mesure indiquée par La Chapelle :

(1) Armand de La Chapelle, ouvrage cité, t. II, p. 386.
(2) C'étaient Pierre Masse, Etienne et Jean-Pierre Debar. Ils furent relaxés au commencement de 1747.

« Tout ce que l'on peut dire de plus vrai sur le compte des protestants du Vivarais, c'est que trop de confiance dans la justice de leur cause, dans l'humanité et dans les compassions de leurs concitoyens, dans l'effet de leurs prières et de leurs larmes, et trop de zèle pour leur pasteur les fit agir dans cette occasion fort inconsidérément et sans réflexion (1). »

(1) *Ibid.*, p. 319.

CHAPITRE IX.

DE VERNOUX A MONTPELLIER.

Châteauneuf amène Desubas à Tournon. — Scène du hameau
de la Justice. — Interrogatoire devant Dumolard. — Tentatives des curés pour convertir Desubas. — Lettre de Richelieu à Saint-Florentin. — Affront à Saint-Laurent-du-Pape.
— Desubas malade au Pont-Saint-Esprit. — Craintes d'un
soulèvement et d'un enlèvement. — Intervention efficace
de Paul Rabaut.

Des exprès avaient tenu Châteauneuf, qui
commandait pour le roi dans le Vivarais et le
Velay, au courant des événements de Vernoux.
Il partit de Tournon, le mercredi 15 décembre, avec un détachement, pour aller chercher
le prisonnier. En même temps il faisait venir
de Romans cent cinquante soldats du régiment
de Gâtinois, dans le but d'occuper militairement Vernoux, après son départ, car on avait
fait courir le bruit que, le 21, jour de la foire

de Saint-Thomas, les protestants devaient incendier le bourg. Châteauneuf, arrivé à Vernoux à deux heures de l'après-midi, en repartit aussitôt avec les neuf prisonniers. Comme ils traversaient le hameau de la Justice, une femme, nommée Bernarde, voulut, à ce que raconte la tradition, essuyer avec un mouchoir, malgré les menaces des soldats, le front couvert de sueur du prisonnier. L'escorte passa la nuit au château de Beauregard, près de Saint-Péray. Le 16, elle arrivait à Tournon, et Desubas fut enfermé, avec ses amis, dans une prison de l'antique château du prince de Rohan, bâti sur le sommet d'un roc escarpé que baignaient, à cette époque, les eaux du Rhône.

Dès le lendemain, vendredi 17, Robert Dumolard, subdélégué de l'intendant, assisté du procureur de Tournon, se rendit auprès du prisonnier pour lui faire subir un interrogatoire. Après avoir décliné son nom, son âge, ses qualités et répondu, à la demande relative à sa résidence, qu'il n'avait point de demeure fixe, Desubas ajouta qu'il avait été reçu ministre dans une académie étrangère, dont il ne voulut pas dire le nom, le 21 juillet 1743, et qu'il avait, quelques mois après, commencé de tenir dans le Vivarais des assemblées religieuses.

— Quand les présidiez-vous ? lui demanda le subdélégué.

— Principalement le dimanche, répondit le pasteur. J'en ai fort peu tenu pendant le printemps, parce que j'étais indisposé. Je tenais les assemblées tantôt d'un côté, tantôt de l'autre, dans différentes paroisses de la province.

— Teniez-vous un registre des baptêmes et des mariages que vous faisiez ?

— Oui ; ce registre a resté à Saint-Agrève dans ma valise. Il doit être entre les mains des troupes qui m'ont arrêté. Je ne sais pas positivement le nombre de baptêmes et de mariages que j'ai célébrés. Je crois pouvoir le porter à près de quatre cents. J'ai aussi administré la cène, j'ignore le nombre de fois.

— Dans les assemblées, venait-il beaucoup de monde ?

— Tantôt plus, tantôt moins. Dans quelques-unes, je crois qu'il s'y est trouvé jusqu'à cinq ou six mille personnes, faisant partie de plus de quarante paroisses du Vivarais.

— Dans quelles maisons vous retiriez-vous, après avoir tenu les assemblées ?

— Ma profession ne me permet pas de le déclarer, non plus que de vous apprendre les noms de ceux qui faisaient la lecture ou la collecte des pauvres.

— Cette collecte se faisait-elle toujours ?

— Non, parce que ceux qui étaient chargés de la faire le négligeaient quelquefois. L'argent qui était levé était distribué tant aux religionnaires nécessiteux qu'aux catholiques qui en avaient besoin, ce qui arrivait plus rarement.

— Par qui sont payés les ministres ?

— Les religionnaires se cotisent entre eux pour fournir leur entretien. Ils ont fait depuis une année, ou environ, un règlement pour donner à chacun quatre cents livres.

— Que comptiez-vous faire quand vous avez été arrêté ?

— J'avais convoqué une assemblée pour le lendemain, mais je ne sais si elle devait se tenir dans la paroisse du Chambon ou dans celle de Saint-Agrève.

— La personne chez qui vous logiez était-elle informée de votre venue ?

— Non.

On lui demanda, enfin, s'il avait déjà logé dans la maison de Menut ; mais Desubas, qui ne craignait pas de se compromettre lorsqu'il était directement en question, usait, comme on l'a vu, de la plus extrême réserve lorsqu'il s'agissait de ses frères, et il fit, cette fois encore, cette réponse évasive : « Je me suis fait une loi de garder le silence sur tout ce qui pourrait porter préjudice à mes confrères (1). »

Desubas passa dix-huit jours à Tournon et il reçut plus d'une fois la visite des prêtres et des moines. Une complainte du temps nous a conservé l'écho des arguments qu'ils employaient pour le convertir :

> A Tournon gens d'Eglise,
> Et d'ordres différents,
> Lui rendirent visite
> A son avènement.
> — Etes-vous donc ministre
> Pour enseigner ces gens,
> Malgré les ordonnances
> Du roi Louis le Grand ?
>
> — Le Seigneur nous commande
> Que si nous ne prêchons,
> De cette auguste affaire
> Les pierres parleront.
> C'est ce qui nous enseigne
> D'annoncer en tout lieu
> La loi de notre Père,
> Qui est le Roi des cieux.
>
> Mais, sitôt qu'ils ouïrent
> Cet homme sans pareil,

(1) Archives de l'Hérault.

> Tout rempli de sagesse
> Et de grande douceur :
> « Changez donc de croyance
> Ah ! Monsieur Desubas,
> Vous serez notre frère,
> Nous vous ferons prélat. »

> — Ah ! messieurs, je vous prie :
> Ne me forcez pas là ;
> Par toutes vos promesses
> Je ne changerai pas.
> Je vous en remercie
> De votre charité,
> Je veux rester fidèle
> A Jésus mon Sauveur.

Ce fut le 24 de ce mois, pendant que Desubas était à Tournon, que le duc de Richelieu informa le comte de Saint-Florentin de la précieuse capture : « Cette affaire a été très sérieuse, » lui disait-il, « mais M. de La Devèze est allé en Vivarais depuis, et il espère que le calme sera rétabli, surtout par suite des exemples qu'il faudra faire sur les chefs des séditieux et sur le nommé Majal. Cet événement vous fera connaître qu'on doit regarder les religionnaires comme des ennemis du roi, et la nécessité de ne pas nous laisser sans une certaine quantité de troupes, pendant cet hiver, pour nous mettre en état de leur en imposer, et vous voudrez bien engager Sa Majesté à nous en envoyer (1). »

La Devèze n'arriva à Viviers que le 27. Aussitôt Châteauneuf lui envoya un exprès pour recevoir ses ordres. Ils portèrent qu'il devait diriger les prisonniers sur Montpellier. Le 2 janvier, on les conduisit jusqu'au Pouzin, sur une charrette traînée par quatre mules. Avant d'arriver dans cette localité, il se passa à Saint-Laurent-du-Pape, où l'escorte s'arrêta quelques heures, un fait dont le souvenir s'est conservé jusqu'à ce jour. Un catholique, du nom de Savinas, vint trouver le pasteur dans l'auberge où on l'avait fait entrer. Il proférait des menaces contre lui et, prenant un tison enflammé, il allait se mettre en mesure de lui brûler la barbe : « Ce que vous faites là, » lui dit le pasteur, « est indigne d'un chrétien et même d'un honnête homme. Votre conduite ne portera bonheur ni à vous ni à votre famille. » Cette prédiction se réalisa. Depuis, les descendants de ce malheureux n'ont fait que végéter.

Du Pouzin, les prisonniers furent conduits à Privas, et de là au Pont-Saint-Esprit. La santé délicate de Desubas ne pouvait se faire au dur

____

(1) Archives de l'Hérault.

régime auquel il était condamné. Il était à bout de forces lorsqu'il arriva dans cette ville, le 4 janvier : « Je prends la liberté de vous informer, » écrivait Toulozier, le commandant de l'escorte, à Lenain, « que ledit Desubas est malade, et qu'une livre de pain, avec de l'eau et de la pâte bien conditionnés suivant les règlements, ne me paraissent pas suffisants pour sa subsistance. J'y pourvoirai d'une autre manière, en attendant qu'il vous plaise m'honorer de vos ordres à cet égard. » Lenain lui répondit, le 7, qu'il eût soin de faire donner au prisonnier tous les remèdes et les secours que réclamait son état, et qu'on lui tiendrait compte de ses dépenses (1).

L'escorte rencontrait, partout, des attroupements considérables qui faisaient éclater sur les pas du prisonnier leurs plaintes et leurs murmures. A Nîmes, elle fut considérablement augmentée; mais le rassemblement autour du fort était si grand que le commandant ne put faire sortir les prisonniers. En vain les dragons et les miquelets présentaient la baïonnette et frappèrent même quelques personnes, la foule refusa d'ouvrir un passage à l'escorte. Il fallut

(1) **Archives de l'Hérault.**

qu'on retînt deux jours les prisonniers à Nîmes
et qu'on demandât main-forte à l'intendant.

Lenain ne se doutait pas de cette efferves-
cence. Le gouverneur de Nîmes, M. de Beau-
poil, lui ayant écrit pour lui exprimer ses
craintes au sujet d'un soulèvement qui aurait
pour but d'enlever Desubas, l'intendant lui répondit qu'il était sans doute dans l'erreur : « On
m'écrit de Nîmes, » ajoutait-il; « que les religionnaires de cette ville sont tranquilles, qu'ils
blâment les soulèvements et qu'ils ont refusé
naguère de recevoir des émissaires étrangers. »
Ces appréciations bienveillantes font honneur
au correspondant de Lenain.

Toutefois les craintes d'un soulèvement étaient
fondées, et La Devèze fut mieux inspiré que lui
en envoyant trois cents soldats et la maréchaussée prêter main-forte à l'escorte. Toute la
jeunesse de la Gardonnenque et de la Vaunage
s'était armée. On avait eu l'occasion de voir et
d'entendre le jeune prédicateur pendant ses
différents voyages dans le Languedoc, et ses
manières distinguées, en même temps que ses
talents précoces et la maturité de son jugement,
avaient gagné tous les cœurs. Ces attroupements
devinrent si considérables qu'ils effrayèrent bon
nombre de personnes qui se croyaient peut-être

revenues à l'époque des Camisards. Le curé Hugon de Saint-Dionisy écrivit à Lenain pour lui dénoncer, en même temps qu'une sage-femme qui dissuadait les familles protestantes de faire baptiser les enfants à l'église, une cinquantaine de huguenots armés qui avaient traversé sa paroisse et qui avaient logé chez un nommé Pierre Pau. Ils venaient des bords du Gardon; quelques-uns s'étaient noircis la figure et ils avaient des fourches. C'est ainsi du moins que les dépeint l'imagination fertile du curé; et il a soin d'ajouter, comme s'il redoutait déjà le châtiment de sa délation : « Je suis bien assuré que Monseigneur ne voudra pas me mettre en compromis (1). »

L'attitude hostile des protestants préoccupait encore plus leurs pasteurs que les officiers de l'escorte; et Paul Rabaut, en particulier, en fut alarmé : « Cette démarche hardie, » dit M. Borrel dans une page que nous transcrivons en entier, « était une violation des droits du royaume. Elle était de nature à compromettre la cause

____

(1) Il terminait ainsi sa lettre : « Si vous voulez savoir le nom de tous les anciens qui convoquent les assemblées dans le creux de la Vaunage et qui sont aussi dangereux que les ministres, il ne me coûtera pas beaucoup de vous l'envoyer. » Archives de l'Hérault.

protestante, puisqu'elle compromettait celle de le soumission aux lois. Elle privait Desubas de la gloire du martyre par une révolte illégale et coupable; par leur résistance les persécutés allaient s'abaisser au niveau des persécuteurs. Le pasteur de Nîmes ne pouvant supporter cette idée, et fort de ses intentions honnêtes et irréprochables, traverse seul les garrigues sauvages; il se jette dans une embuscade; il se nomme, et, à la vue d'un pasteur si vénéré, les Cévenols baissent respectueusement les armes. Paul Rabaut les exhorte; il supplie, il conjure; mais les jeunes gens persistent dans leur dessein. En vain leur représente-t-il que les soldats, avertis de leur intention, hâteront euxmêmes le supplice de Desubas, à la vue du moindre danger; ils s'écrient, dans leur fureur aveugle: « N'importe! nous le voulons mort ou » vif; nous le voulons!... » Alors Paul Rabaut les conjure de nouveau; il leur parle de leurs ancêtres si patients dans l'affliction et de cet adorable Sauveur Jésus-Christ, qui fut le modèle de la résignation et de la douceur. Il leur parle de ce jeune ministre lui-même, dont ils vont pour jamais déshonorer la mémoire. « Ah! mes » amis, » leur dit-il, « que ce pasteur que vous » voulez sauver et qui aurait donné son sang pour

» vous, s'il pouvait vous entendre et vous parler,
» vous blâmerait de votre aveugle amour pour
» lui; il vous désavouerait hautement et vous
» ordonnerait de vous retirer. Ah! si Dieu me
» destine une pareille fin, je vous conjure
» d'avance et je l'exige de votre amour, laissez-
» moi mourir en paix; que je ne sois point la
» cause des calamités qui suivraient une si cou-
» pable révolte. » Ces paroles, prononcées à la
fois d'un ton plein de fermeté et de douceur,
calmèrent l'exaltation des jeunes protestants,
qui se retirèrent en silence, en formant des
vœux pour que la vie du pasteur de Nîmes fût
longtemps épargnée (1). »

On ne sait qui l'on doit le plus admirer, du
pasteur qui marche à la mort sans se plaindre,
ou de son collègue, de son ami, qui, faisant
violence à ses sentiments, contient une population frémissante prête à délivrer le prisonnier. En présence d'une telle conduite, que de-
viennent les accusations d'hommes de ténèbres,
de perturbateurs du repos public, qu'on ne cessait de lancer contre les ministres? La parole de
Michelet est rigoureusement vraie : « Le plus
fort, c'est qu'ils gardent un grand esprit de

(1) Borrel, *Biographie de Paul Rabaut*, p. 20 et suiv.

paix, empêchant la révolte et sauvant qui les assassine (1). »

Le détachement arriva donc sans encombre à Montpellier le 13 janvier, et Desubas fut aussitôt enfermé dans la citadelle, « cette maison des fidèles, » comme s'exprime une complainte du temps, où ont souffert « un grand nombre d'élus d'éternelle mémoire, » les Brousson, les Roussel, les Durand, combien d'autres!

(1) Ouvrage cité, p. 73.

CHAPITRE X.

Blachon annonce à Court les évènements de Vernoux. — Mesures conseillées par ce dernier. — Supplique des pasteurs du Vivarais à La Devèze. — Incendie de l'église de Boffres. — Le curé et le maître d'école sont mis en prison. — Condamnation injuste de Dejour. — Lettre pastorale de l'évêque de Valence.

La nouvelle de la capture de Desubas se répandit avec rapidité dans les pays protestants. Blachon en informa Court, au nom des pasteurs de la province : « Un malheur des plus funestes, » lui écrivait-il le 18 décembre, « vient d'arriver à nos chères Eglises, qui nous accable de tristesse et qui nous fait tout craindre pour l'avenir. C'est la prise de notre bien-aimé frère, M. Desubas, arrivée le 12 du courant, près de Saint-Agrève. » Puis, il racontait les détails que nous connaissons et, faisant allusion à la prise d'armes des jeunes gens des Boutières, il ajoutait : « Nous écrivîmes à MM. les officiers de Vernoux, et nous les assurâmes, comme c'est la vérité, que ce qu'on avait fait n'était point par un esprit de rébellion, mais uniquement par la tendre affection qu'on avait pour le ministre. Nous leur promîmes que, nos gens s'étant retirés, autant qu'il dépendrait de nous il n'en viendrait pas d'autres. Ces messieurs nous firent réponse et nous dirent que le vrai moyen pour que nos religionnaires pussent obtenir grâce de la cour, était le repentir du passé. Présentement nous écrivons à MM. les gouverneurs de la province, pour innocenter, autant que nous le pouvons, les démarches que nos réformés ont faites, et pour les supplier d'en avoir compassion. Notre état est extrêmement déplorable, comme vous le voyez. Tout est ici en pleurs et en gémissements. Nous espérons que, dans nos pressants besoins, selon votre sagesse ordinaire, vous nous donnerez, s'il vous plaît, des conseils aussi prompts que judicieux. Nous nous recommandons à vos bonnes prières, de même qu'à celles de tous les fidèles (1). »

Court fut atterré par cette nouvelle. Il aimait

____

(1) Ms. de Court, lettre AC, 1745. Communiquée par M. le pasteur Elisée Peloux.

Desubas comme un fils. Il l'avait vu étudier sous ses yeux et sortir du séminaire plein d'ardeur et de foi, il y avait deux ans à peine. Il ne pouvait se faire à l'idée que son jeune ami dût quitter sitôt des Églises qui avaient un si grand besoin de lui et sceller de son sang les vérités qu'il avait prêchées. Il pleura sur le sort de son ami ; il pria pour lui. Il n'était pas le seul. Le professeur Ami Lullin, lui écrivant, quelques jours après, de Genève, lui exprimait l'espoir que ce jeune serviteur de Dieu serait bientôt délivré : « J'espère, » ajoutait-il, « qu'on ne voudra pas exciter au dernier point ces populations en leur enlevant leur pasteur. » Vœux impuissants ! espérances chimériques ! On l'avait bien vu pour Roger, pour Louis Ranc, pour tant d'autres. Toutes les démarches, même les mieux dirigées, n'avaient pu aboutir. Écrirait-on à Maurice de Saxe ? Le vainqueur de Fontenoy était encore plus courtisan que protestant ; les malheurs de ses coreligionnaires n'avaient pas le secret de l'émouvoir ; il était tout entier à sa gloire et à ses amours. Il fallait s'en remettre à la Providence, qui, seule, pouvait dénouer une situation aussi périlleuse ou donner au jeune confesseur la force de l'envisager sans effroi.

Telle était la pensée de Court. Rien ne lui paraissait plus difficile ni plus délicat, ce sont ses propres expressions, « que de donner des avis salutaires après un tel évènement et dans des conjonctures si critiques. » Cependant il ne voulut pas laisser la lettre de Blachon sans réponse « pour ne pas ajouter, par son silence, affliction aux affligés. » Il leur conseilla de raconter au roi, dans un placet dont il leur envoya la minute, ce qui était arrivé. Il ne s'agissait pas, hélas! de réclamer la liberté du prévenu; mais d'assurer, pour la centième fois, le roi de leur fidélité et de réclamer de lui la liberté du culte ou, sinon, la permission « de se retirer avec leurs femmes, leurs enfants et leurs effets dans les pays étrangers de leur communion où ils puissent servir Dieu en liberté, préférant ce parti, tout extrême et dur qu'il est pour eux, aux maux auxquels ils sont exposés continuellement et aux risques des suites funestes d'un désespoir qui ne prend conseil que de lui-même. »

En même temps, pour que ce placet eût plus de chance de parvenir à son adresse, Court conseillait aux pasteurs du Vivarais d'écrire au comte de Saint-Florentin, au duc de Richelieu, au commandant du Vivarais et à l'intendant du

Languedoc, afin que ces hauts personnages servissent d'intermédiaires entre les Eglises du Désert et Louis XV (1).

Les collègues de Desubas entrèrent dans ces vues, et, s'ils ne voulurent pas priver leur ami de la gloire du martyre, ils firent tout pour sauver leurs paroissiens, compromis dans cette affaire.

Dès l'apparition des bandes armées, ils s'étaient activement employés, comme on l'a vu, à les disperser. Ils avaient même écrit aux officiers de l'escorte pour les assurer que de pareils faits ne se renouvelleraient plus. Ils firent plus encore. Ils s'adressèrent, comme l'écrivait Blachon à Court, aux autorités de la province. Le 1er janvier, ils firent parvenir une supplique à La Devèze : « Accablés de tristesse, » lui disaient-ils, « par les maux qui nous sont arrivés et remplis de crainte par ceux dont on nous menace, nous osons recourir à Votre Grandeur, persuadés que, selon son équité, elle voudra nous écouter... ou, plutôt, considérer elle-même les circonstances du fatal événement qui vient d'arriver ici. Elle s'apercevra

____

(1) Lettre du 4 janvier 1746 à Royer. Communiquée par M. le pasteur Mounier, d'Amsterdam.

aisément qu'il s'en faut bien que les protestants soient coupables comme on veut le dire.

» Un ministre arrêté, lié, conduit pour être mis à mort, fut vu dans ce pitoyable état par quelques-uns de ses amis, qui, émus de compassion à la vue de ce triste objet pour eux, pleins de ces sentiments de tendresse que la nature inspire et dont on n'est point les maîtres, coururent le demander aux soldats sans réfléchir sur le danger où ils allaient s'exposer. Cette demande, accompagnée, dit-on, de certains mouvements peu convenables, porta les soldats à tirer sur ces pauvres gens qui n'avaient point d'autres armes que leurs bras. Cinq restèrent sur la place, et les autres furent blessés. Voilà, Monseigneur, ce qui se passa en chemin. »

Les pasteurs faisaient ensuite un tableau saisissant du massacre : « Le ministre n'eut pas plus tôt été conduit à Vernoux qu'un eassemblée convoquée au voisinage, instruite de cette affligeante nouvelle, y courut en foule, sans chef et sans armes, ni sans considérer les suites que pourraient avoir ses démarches, le danger du prisonnier et le désir de le délivrer occupant tellement l'esprit de ces pauvres gens, qu'ils ne prévoyaient pas que tous exposaient leur vie pour la délivrance d'un seul homme.

Une troupe de gens de tout âge, de tout sexe, conduits par un amour excessif pour leur cher pasteur, entrèrent dans Vernoux ; malheureusement pour eux. Ils n'y furent pas plus tôt que les principaux du bourg vinrent les flatter, leur promettre celui qu'ils réclamaient, en leur assurant que lui ni eux n'auraient pas le moindre mal. Ces pauvres innocents, incapables de tromper eux-mêmes, ne crurent pas qu'on les voulût surprendre, ajoutèrent foi à tout ce qu'on leur dit, et ne prirent aucune précaution pour se mettre en sûreté contre les pièges qu'on leur avait [tendus. Toutefois,] Monseigneur, loin de tenir leur parole, les bourgeois, ne respirant que carnage, firent un si grand feu qu'il y en eut plus de cent de morts ou de blessés. Les femmes enceintes, la tendre jeunesse, la blanche vieillesse, objets dignes de support, de compassion, ne trouvèrent pourtant point de grâce chez les habitants de Vernoux. Ils étaient si altérés de sang, qu'à peine tout celui de cette foule d'innocents aurait suffi pour assouvir leur avidité, insatiable à le répandre, en sorte qu'il n'en serait pas échappé un seul si une prompte fuite ne les avait mis hors de danger... Tant d'inhumanité, tant de sang répandu, tant de blessés, tant de morts d'un côté, *tandis qu'il n'y en a point de l'autre*, ne montrent-ils pas la cruauté des uns et l'innocence des autres ? Aussi, nous osons espérer, Monseigneur, que Votre Grandeur fera rendre à chacun la justice qui lui est due. »

Restait le point difficile : expliquer la conduite des jeunes gens qui avaient paru armés aux environs de Vernoux :

« Ici, Monseigneur, » disaient les pasteurs, « nous vous déclarons sincèrement que nous voudrions, de tout notre cœur, que ces mouvements précipités n'eussent pas été faits. Nous sommes même assurés que ceux qui y ont eu part en sont fort mortifiés, comme le prouve leur conduite.

» Cependant, Monseigneur, Votre Grandeur nous permettra de lui représenter respectueusement que ce qui donna lieu à ces mouvements n'était autre chose qu'un faux exposé qui se répandit dans le pays : qu'on affirmait que les officiers rendraient les prisonniers d'abord qu'ils verraient un certain nombre de gens sous les armes. Sur ce faux exposé, quelques jeunes gens coururent aux environs de Vernoux, dans la seule vue d'obtenir les prisonniers de la pitié des soldats, comme le montre leur conduite, puisqu'ils ne firent aucun mal à personne, bien que la chose leur eût été aisée, principalement envers les bourgeois qui venaient du voisinage pour les insulter.

» Tels sont les faits que nous venons d'exposer. Nous osons nous flatter, Monseigneur, que cette abondance de sang répandu, que cette multitude de blessés, que ce grand nombre de morts émouvront Votre Grandeur et lui demanderont grâce en faveur de ceux qui sont échappés du danger, pour qu'ils puissent rester en sûreté dans leurs maisons où ils se sont tranquillement retirés.

» Nous prenons la liberté de nous dire, avec le respect le plus profond, Monseigneur, de Votre Grandeur les très humbles et très obéissants serviteurs.

» Peirot, ministre; Blachon, ministre; Coste, ministre.

» Du Désert, ce premier janvier 1746 (1). »

Les pasteurs du Vivarais ne furent pas les seuls à plaider la cause de leurs paroissiens. Boyer, celui dont la conduite avait agité le Languedoc, prit avec deux de ses collègues, Grail et Gaubert, leur défense, et envoya en

(1) *Eglise libre*, n° du 14 novembre 1873.

leur faveur à Louis XV un placet qui ne parvint pas à son adresse (1).

Ces démarches, à supposer qu'elles eussent eu quelque chance d'aboutir, furent gravement compromises par un évènement qui vint, fort à propos, donner une apparence de raison aux dispositions hostiles qu'on nourrissait contre les protestants.

Le mardi, 21 décembre, pendant que Desubas était encore à Tournon et que le Vivarais était sous le coup de l'émotion produite par sa capture, le bruit se répand que les protestants ont mis le feu à l'église de Boffres. Grande, on le conçoit, fut l'émotion. Un officier de Vernoux se rend aussitôt sur le lieu du sinistre. A son arrivée, le maître d'école lui affirme que le prêtre est en fuite, poursuivi par plus de quatre-vingts huguenots. L'officier demande le chemin qu'ils ont suivi et se met à leur recherche. Peine perdue : il ne trouve personne et commence à soupçonner un mystère que nous allons éclaircir.

L'auteur de l'incendie, — on l'a deviné peut-être, — c'était le curé lui-même. Enflammé de haine contre les protestants, il avait voulu les comprendre tous sous la terrible accusation de

(1) Archives de l'Hérault. Lettres de cour, n° 118.

sacrilège. Il se concerte dans ce but avec le maître d'école, entre avec lui dans l'église, enlève les vases sacrés, qu'il enveloppe d'un surplis percé au préalable de plusieurs coups de couteau, et les jette dans une citerne. Cela fait, il prend une hache, brise l'autel, coupe la corde de la cloche, enlève les registres ; puis, pour couronner son œuvre, il entasse quelques bancs les uns sur les autres, y met le feu et prend la fuite, laissant à son complice le soin de crier qu'il est poursuivi par les huguenots incendiaires qui veulent l'assassiner.

Le méchant fait une œuvre qui le trompe. Sur les réclamations indignées des protestants, une enquête est commencée. La Devèze, qui s'était rendu à Privas pour calmer les esprits, fait comparaître devant lui le maître d'école. Ce dernier nie d'abord toute participation à l'incendie ; mais bientôt, repris dans sa conscience, il déclare que c'est le curé qui l'a poussé au crime, le pistolet à la main, et que les vases sacrés sont dans une citerne où on ne tarda pas à les retrouver. Le maître d'école fut enfermé dans les prisons de Tournon, aux frais des protestants, qui durent pourvoir à son entretien. Quant au curé Bouchet, on se contenta de le conduire au fort de Brescou, tandis qu'un protestant, nommé Dejour, dont le seul crime était d'avoir monté la garde autour de l'église, avec un fusil, pour prévenir de nouveaux malheurs, dut subir le dernier supplice deux ans plus tard. C'est ainsi qu'on rendait la justice.

Et maintenant que nous sommes édifiés sur la conduite des habitants de Vernoux et celle du curé de Boffres, que penser de la lettre pastorale par laquelle M. de Milon, l'évêque de Valence, raconte, dirai-je, ou travestit les événements ? Elle offre un triste spécimen de cet esprit d'intolérance et de fanatisme, de ce parti-pris de dénigrement qui poussait le haut clergé à réclamer chaque jour, des intendants et du roi lui-même, de nouvelles mesures de rigueur contre nos pères. On connaît le respect de ces derniers pour l'autorité royale. On sait le soin avec lequel les pasteurs prêchaient la fidélité au prince et l'obéissance aux lois de l'Etat, les droits de la conscience étant d'ailleurs sauvegardés. Qui payait le mieux les impôts ? Qui versait avec plus de générosité son sang sur les champs de bataille ? N'avait-on pas vu de jeunes soldats mourir sous les drapeaux, pendant que leurs mères agonisaient lentement dans la tour de Constance ? Non, la

France n'avait point d'enfants plus dévoués ni Louis XV de sujets plus fidèles ; mais écoutons l'évêque de Valence :

« Des hommes de ténèbres ont publié sur les toits ce qu'ils ne disaient auparavant qu'à l'oreille. Par de vaines espérances d'un prochain rétablissement, ils en ont allumé les plus violents désirs. Ils ne rougissent pas, pour se donner plus de créance, de fabriquer de fausses lettres et de les répandre avec ostentation sous les noms les plus respectables. Nul spécieux prétexte n'a été négligé de leur part pour étouffer tout remords. Ils ne respirent que dissensions, quoiqu'ils ne parlent que de paix. Ces discours imposteurs, gagnant de proche en proche, se sont insinués au loin comme la gangrène. Les peuples abusés ont couru après leurs séducteurs. Au mépris des lois divines et humaines se sont formées ces assemblées tumultueuses d'hommes, d'enfants, de femmes, où ces faux apôtres, assis dans la chaire de pestilence, ont osé, sans honte, prêcher publiquement leurs dogmes affreux... et offrir au Seigneur, dans les lieux écartés, des prières profanes qui, aussi vides de la foi qui sauve que de la charité qui vivifie, sont plus propres à irriter la Majesté divine qu'à l'honorer. »

Faisant ensuite allusion à la capture de Desubas et aux mouvements que s'étaient donnés les protestants pour obtenir sa liberté, il ajoutait : « A-t-on voulu mettre un frein à cette licence et, pour couper le mal par la racine, en faire enlever les auteurs, le torrent s'est alors débordé ; la fureur a soulevé ceux que la séduction avait rassemblés ; et, comme des bêtes farouches qui sortent de leurs forêts, rien n'a été capable de les contenir ; ayant secoué le joug de la Religion, ils n'ont point respecté les Puissances ; et, infidèles à Dieu, ils n'ont point eu de scrupule d'être rebelles à leur prince (1). »

Quelle charité pastorale ! Autant de mots, autant de calomnies. Mais c'est trop longtemps nous attarder avec le fougueux prélat de Valence ; allons respirer auprès de Desubas une atmosphère plus chrétienne, dans les prisons de Montpellier.

(1) Armand de La Chapelle, ouvrage cité, t. II, p. 310 et suiv.

CHAPITRE XI.

LE PROCÈS.

Desubas est mis en jugement. — Inventaire de ses effets. —
Son interrogatoire. — Fermeté de ses réponses. — Rochette
ne suit pas son exemple. — Pierre Masse et les deux frères
Debar. — Desubas est confronté avec les témoins. —
Conclusion du procureur royal.

Lenain n'avait pas attendu l'arrivée des prisonniers pour les mettre en jugement. Un arrêt
de la cour, du 25 octobre, l'autorisait à juger
en dernier ressort « tous les ministres et prédicants qui pourront être arrêtés dans la province de Languedoc, et tous ceux qui leur auront donné retraite, secours et assistance. »
Le 5 janvier, il avait chargé l'avocat Baudouin,
son subdélégué à Montpellier, de faire l'instruction du procès. Solier, avocat du roi au

présidial de cette ville, et le sieur Dheur, devaient lui être adjoints, le premier comme procureur, le second comme greffier. Le 15 janvier, Baudouin fit, en présence de Desubas, l'inventaire des effets qu'on avait trouvés sur lui au moment de son arrestation. On sera peut-être curieux de savoir ce que renfermait sa valise. A côté d'une paire de pistolets d'arçon, avec leurs charges, se trouvait un manuscrit in-4°, relié en parchemin, qui contenait l'*Abrégé de la théologie* ou la *Science du salut*, d'Ostervald ; une Bible in-8° de Martin, avec parallèles ; un tome de la *Défense de la religion tant naturelle que révélée contre les incrédules et les infidèles*, traduit de l'anglais de Gilbert Burnet ; un Nouveau Testament, ainsi qu'un recueil de Psaumes ; un exemplaire des *Sermons sur les vérités les plus importantes de la religion*, par Samuel Werenfels ; un recueil de *Prières pour les jours de sainte cène*, par Bénédict Pictet ; et enfin un registre des mariages et baptèmes célébrés par Desubas au Désert. En même temps que ces livres, on avait trouvé sur lui quatre cahiers de sermons qui furent brûlés par la main du bourreau, et un grand nombre de lettres dont il refusa de dire les auteurs.

Baudouin fit son rapport, et le procureur du roi conclut qu'il y avait lieu de déclarer « la capture des nommés Majal-Desubas , ministre, et Rochette , ensemble les sept qui avaient été arrêtés , bien et duement faite, d'ordonner qu'ils seront écroués, que l'écrou leur sera signifié , qu'ils seront ouïs et interrogés et que les livres , papiers et effets seront joints à la procédure. »

A la suite de ce rapport, Desubas dut comparaître le 18, dans la geôle de la prison de la citadelle, devant Baudouin, assisté de son greffier, Jean Albisson. Il promit devant Dieu, et la main posée sur les Evangiles, de dire la vérité, et, les formalités préalables remplies, l'interrogatoire commença.

— Quel est votre nom ? lui demanda le sub-délégué.

— Je m'appelle, répondit le prévenu , Matthieu Majal , surnommé Desubas , ministre de la religion chrétienne et réformée, natif du lieu des Ubas, paroisse de Vernoux, diocèse de Viviers , âgé de vingt-cinq ans et quelques mois.

— Où avez-vous resté depuis que vous êtes dans un âge de connaissance ?

— J'ai resté dans la maison de mon père

jusqu'à l'âge de quatorze ans ; après quoi , je commençai à étudier la religion protestante , sous le nommé Lacombe, proposant, et , bientôt après, sous le nommé Boyer, ministre, qui m'apprenait aussi les premiers éléments du latin ; ce que j'ai continué , à peu près , jusqu'à l'âge de seize ou dix-sept ans ; après quoi, je commençai à prêcher dans les assemblées dans le haut et le bas Vivarais. A l'âge de vingt ans, je sortis du royaume et fus en Suisse, où j'étudiai la théologie jusqu'à l'âge de vingt-trois ans, que je fus reçu ministre après les examens ordinaires.

— En quoi consistent ces examens ?

— Ils sont faits par plusieurs ministres, qui font au *proposé* des questions de théologie et de morale , et , lorsqu'il est jugé capable , ils lui donnent commission de prêcher la parole de Dieu, partout où la divine providence les appellera , en même temps que des patentes probatoires de leur mission.

— Avez-vous les vôtres ?

— Je ne les ai pas et ne sais pas où elles sont. Lorsque je fus admis au ministère , il y en avait deux autres , qui le furent en même temps que moi, et ce ne fut pas à moi qu'on remit l'attestation qui fut faite pour tous les trois.

Celle-ci fut remise à des pasteurs qui desservaient déjà les Eglises du Vivarais, et qui en donnèrent connaissance aux protestants du pays.

— Depuis quand êtes-vous revenu dans le royaume?

— Depuis le mois d'août 1743, si je ne me trompe.

— Qu'avez-vous fait depuis lors?

— En quittant la Suisse, je revins dans le Vivarais; pendant l'été de 1744, je fus à Montpellier, dans le dessein de consulter les médecins sur ma santé, qui était faible, où je ne restai que peu de jours. Depuis 1743, jusqu'à présent, j'ai fait les fonctions de ministre; ayant prêché dans nombre d'assemblées, ayant baptisé, béni des mariages et administré la cène.

— Teniez-vous un registre des baptêmes?

— J'en tenais un, lequel doit être entre les mains des ministres du pays. J'en ai une copie parmi les effets qui me furent présentés le 15 du présent mois, lors de la description des livres et papiers qui ont été trouvés dans ma malle.

— Pourquoi vous êtes-vous dessaisi du registre original?

— Il y a des ministres qui sont chargés plus

particulièrement du soin des affaires qui regardent les Eglises, auxquels ces sortes de registres sont rapportés, ou, du moins, ils doivent savoir où ils sont.

— Qu'entendez-vous par Eglises?

— J'entends parler des protestants de nombre de paroisses qui forment des arrondissements.

— Comment sont-elles dirigées?

— Elles n'ont d'autre gouvernement que le ministre qui leur prêche. Il est vrai qu'il y a des personnes préposées pour y faire régner le bon ordre, et pour y veiller au soin des pauvres, auxquelles on donne le nom d'anciens.

— A qui avez-vous remis l'original du registre?

— A une personne dont je ne peux pas dire le nom.

— Par qui étiez-vous nourri?

— Par les protestants d'un côté et d'autre. Ils me fournissaient aussi pour mes habillements et autres besoins.

— Où s'étendait votre mission?

— Sur toutes les Eglises du Vivarais.

— Prêchiez-vous souvent?

— Je prêchais une fois par semaine, excepté pendant deux ou trois mois que je restai malade.

— Dans quels endroits prêchiez-vous?

— On choisissait un endroit propre et con-
venable pour les assemblées; on le disait à
quelques personnes, et ces personnes avaient
soin d'en donner connaissance à ceux de la
religion. Je n'ai jamais prêché que dans des
campagnes, excepté, mais rarement, la nuit,
dans des maisons.

— Ne saviez-vous pas, que, par cette conduite,
vous contreveniez formellement aux ordres du
roi?

— Il a été des temps que je savais que
c'était contre les ordres du roi, et d'autres où
je me flattais de quelque tolérance.

— Où étiez vous le 11 décembre dernier?

— Je fus, ce jour-là, au lieu de Mazel, dans
la maison du nommé Menut dit Rochette. J'y
fus pour y passer la nuit et pour être à portée, le lendemain matin, d'aller prêcher dans
une assemblée qui devait se tenir, dans un bois,
aux environs de ce lieu.

— Connaissiez-vous les Rochette?

— Je n'avais pas d'autre liaison avec eux
que celle que j'avais avec les autres protestants.
On s'informe des maisons où l'on doit aboutir
sans avoir des liaisons particulières avec ceux
qui les habitent. C'est là que je fus arrêté

la nuit du onze au douze décembre dernier.

— N'étiez-vous pas armé ?

— Je portais des pistolets et un couteau de chasse.

— En aviez-vous la permission ?

— Non.

— Quel usage comptiez-vous en faire ?

— C'était uniquement pour me défendre, étant obligé de marcher la nuit et en danger d'être attaqué par des malfaiteurs.

— Etes-vous marié ?

— Non.

— N'avez-vous pas eu des commencements de galanterie avec certaines femmes ou filles, dont les lettres ont été trouvées dans votre portefeuille ?

— J'ai connaissance de ces lettres. Ce n'est autre chose qu'un pur badinage de certaines personnes pour égayer l'esprit.

— Qui les a écrites ?

— Ces lettres ne sont pas toutes anonymes ; je ne puis pas en dire davantage.

Baudouin présenta au prévenu un certificat de baptême. Il reconnut l'avoir rédigé lui-même et signé, et, après avoir affirmé qu'il avait dit la vérité, il fut reconduit en prison.

Les dernières questions posées à Desubas

auront sans doute intrigué le lecteur. Que sont ces lettres qu'on trouve classées dans le dossier sous la rubrique injurieuse de « lettres galantes ? » C'étaient simplement quelques lettres écrites à Desubas, par une jeune fille d'Anduze, qui avait tenu sur les fonts baptismaux un enfant baptisé par le jeune pasteur. Elle plaisantait agréablement, avec lui, sur quelques incidents du repas de baptême, que nous ignorons, et la preuve que ces lettres n'avaient rien de répréhensible, c'est qu'on trouve dans l'une d'elles un long *post-scriptum* écrit par un parent de la jeune fille, et qui témoigne de sa sympathie pour Desubas.

Le lendemain, 19 janvier, Menut comparut à son tour, devant le subdélégué. Son attitude, nous avons regret à le dire, ne fut pas aussi ferme que celle de son pasteur. C'était un homme de trente-sept ans, dans une position fort aisée pour un campagnard. Fauriel dit Lassagne avait béni son mariage, et quand les pasteurs du Désert parcouraient ces contrées, c'était chez lui qu'ils avaient l'habitude de descendre. Il nia ce dernier point, affirma qu'il ne connaissait point Desubas, et fit plus encore : il eut le triste courage de prétendre qu'il était venu à Saint-Agrève, dans le but de le faire arrêter. Ces mensonges invraisemblables ne convainquirent pas ses juges. Il dut, comme nous le verrons bientôt, expier, par les galères perpétuelles, le crime d'avoir reçu un prédicant sous son toit.

Le même jour, Pierre Masse et les deux frères Debar (1), de la paroisse de Saint-Voy, furent aussi interrogés. C'étaient les trois hommes qu'avait arrêtés, on s'en souvient peut-être, un détachement descendu du Cheylar. Ils étaient armés de fusils et de couteaux de chasse ; mais ils ne firent aucune résistance quand on les arrêta, et le curé de Saint-Voy certifia qu'ils venaient de la chasse et qu'ils n'avaient point trempé dans l'affaire de Vernoux. Il semble qu'on aurait dû les relâcher aussitôt ; cependant, un plus ample informé fut décidé à leur égard, et ils furent condamnés, en attendant, à garder « prison close » pendant un an. Disons ici, pour en finir avec eux, que le régime de la prison leur fut contraire. Ils obtinrent, sous caution, de l'intendant, que la ville de Montpellier leur fût donnée pour prison, en attendant leur rétablissement. Enfin, le 1er février de l'année suivante, ils lui

____

(1) L'un était laboureur ; l'autre marchand de bœufs et de chevaux.

présentèrent une nouvelle requête à l'effet d'être relâchés, puisque l'année s'était écoulée sans amener contre eux de nouvelles charges, et l'on fit droit à leur demande, après qu'ils eurent payé les dépenses qu'ils avaient faites durant leur détention.

Revenons à Desubas et à Rochette : ce fut le 21 février qu'ils furent confrontés avec les témoins, et, cette dernière formalité remplie, le procureur du roi conclut en ces termes : « Il y a lieu de déclarer Matthieu Majal atteint et convaincu d'avoir fait les fonctions de ministre de la religion prétendue réformée, d'avoir prêché, catéchisé et fait des baptêmes et des mariages, pour réparation de quoi il doit être condamné à être pendu et étranglé, jusqu'à ce que mort s'ensuive, à une potence qui, pour cet effet, sera dressée à la place de l'Esplanade de cette ville. » Ses biens devaient « être acquis et confisqués au profit de Sa Majesté, distraction préalablement faite sur eux de la troisième partie pour les enfants, s'il y en a » ; et, au cas que la confiscation n'eût pas lieu, il réclamait qu'on le condamnât à une amende qui ne pourrait être inférieure à la valeur de la moitié de ses biens. Quant à Menut, le procureur demandait que, pour avoir donné re-

traite audit Majal, il fût condamné à servir de
forçat pendant sa vie, sur les galères du roi,
étant préalablement flétri par l'exécuteur de la
haute justice, sur l'épaule droite, des trois lettres G. A. L. Il demandait encore que les livres, sermons et papiers, mentionnés dans le
verbal de l'inventaire, fussent brûlés par l'exécuteur de la haute justice. Desubas et Menut
devaient être condamnés à payer les frais. De
plus, conformément à l'article 8 de l'ordonnance du 9 novembre 1728, les nouveaux convertis des communautés de Saint-Agrève, Saint-
Romain-le-Désert, les Vastres, Devesset, le
Pousat et Chanderolles, composant l'arrondissement de Saint-Agrève, dans lequel Majal avait
été arrêté, devaient payer la somme de trois
mille livres, applicables au dénonciateur et
aux frais de capture (1).

Sauf une modification sur ce dernier point,
les juges adoptèrent ces conclusions. Une
chose étonne, c'est qu'une semaine se soit
écoulée avant le jugement. Les détails qui vont
suivre nous fourniront l'explication de ce retard.

(1) Archives de l'Hérault.

CHAPITRE XII.

NOVISSIMA VERBA.

Dernières lettres de Desubas. — Il demande que ses amis lui
écrivent pour l'encourager. — Il ne profère aucune plainte.
— Tentatives du jésuite Senaud et de l'évêque de Montpellier pour le convertir. — Dernière lettre de Desubas à
ses parents. — Elle exprime la plus grande foi et la plus
touchante résignation.

Que se passait-il dans l'âme du prisonnier
pendant qu'on instruisait son procès? Quatre
lettres, écrites par lui du fond de sa prison,
pendant ces jours de douloureuse attente, vont
nous le dire :

« Depuis que je vous ai écrit ma lettre, »
écrivait-il à une personne dont nous ignorons
le nom, mais qu'il appelle « ma très chère
sœur, » « j'ai eu encore une visite. On vou-

drait que je me prêtasse à quelque chose pour
qu'on pût me sauver la vie ; mais je suis toujours inébranlable, et j'espère, avec le secours de mon Dieu, que je le serai jusqu'à ma
fin. Je ne puis pas m'expliquer plus clairement,
crainte que ma lettre ne se perde. Après avoir
un peu réfléchi, j'ai cru de vous connaître. Si
je ne me trompe, vous êtes celle qui touche de
plus près à mon cher et très aimé frère M. P.
Je sais son bon cœur et le vôtre ; ainsi, je ne
doute pas un moment que mon état ne le touche très sensiblement. Le Seigneur veuille le
conserver, lui accorder un heureux succès dans
toutes ses entreprises. Je me recommande à ses
bonnes prières et celles de tous mes frères en
Jésus-Christ.

» S'il était possible qu'on pût m'écrire quelque lettre de consolation dans l'état triste où
je suis réduit, on me ferait un sensible
plaisir. Je suis persuadé que cela serait d'un
grand soulagement à ma misère. Au reste, que
mes frères ni personne ne s'afflige au delà de
ce qu'il faut pour moi. Je suis assez tranquille
pour une personne qui attend à tout moment
d'être mise à mort. C'est le Seigneur qui me
soutient. Ayant un si bon appui, je ne crains
rien. Si on m'ôte la vie misérable de ce monde,

j'espère que Dieu me mettra en possession d'une qui sera éternelle et infiniment heureuse, pourvu que j'endure mes maux et mes afflictions d'une manière qui lui soit agréable. C'est de quoi je ne cesse de le prier du fond de mon cœur, et, fondé sur sa bonté, je dois espérer qu'il m'exaucera. Je dois bénir ce grand Dieu de ce que, au milieu de mes afflictions, il me fait trouver des personnes charitables qui ne me laissent manquer de rien pour ce qui est nécessaire à mon corps. Je n'avais jamais été mieux nourri que je le suis à présent. Jamais je ne m'étais mieux porté que dans la prison. Qui ne voit que c'est Dieu qui opère tant de merveilles en ma faveur. La blessure que j'avais, quoiqu'elle fût assez grande, ne m'a jamais fait beaucoup souffrir. Que le nom de Dieu soit donc béni en toute chose!

» La personne qui me sert est digne de louange et de votre amour. Si vous pouviez lui faire plaisir, ayez la bonté de le faire pour moi; je ne puis faire que des prières en sa faveur. L'état où je suis ne me permet pas de faire davantage.

» Je vous recommande à la protection divine. Veuille-t-elle vous accorder des jours longs et heureux, ma très chère sœur. Si vous pouviez me faire réponse, ayez la bonté de m'apprendre, aussi prudemment que vous le pourrez, l'état des affaires. Adieu, ma chère sœur, je suis tout à vous. Ne cessez de prier Dieu pour moi.

» DESUBAS. »

Comme le demandait le prisonnier, dans cette lettre qui respire des sentiments si touchants, un frère, — serait-ce son propre frère? —lui écrivit pour l'encourager et l'exhorter à demeurer fidèle à sa profession de chrétien, et Desubas se hâta de lui répondre : « Monsieur et très cher frère, je vous suis très obligé de la lettre d'exhortation et de consolation que vous m'avez fait la grâce de m'écrire. Je sens la force de tout ce que vous me dites, et l'obligation où je suis de me résigner à la volonté du souverain arbitre de l'univers. Soyez persuadé, Monsieur et très cher frère, que rien au monde ne sera jamais capable de me faire abandonner les sentiments que doit avoir une personne de mon caractère. Je suis toujours tout prêt de sacrifier ma vie pour la gloire de Dieu, pour l'édification de l'Eglise et pour mon propre salut. Mais, pour que je puisse toujours persister dans de si nobles dispositions, j'ai besoin du secours de mon Dieu, sans lequel on ne peut rien. Aussi ne cessé-je de le lui demander, et je suis persuadé qu'il me l'accordera jusqu'à ma fin. Demandez-le-lui aussi pour moi, comme vous me le promettez.

» Il n'y a rien de nouveau, par rapport à moi. Mon procès est prêt à être jugé. Il y a déjà quelques jours que les procédures sont finies. Les visites ne discontinuent point ; mais je trouve le moyen de m'en défaire sans pouvoir les fâcher, au moins beaucoup ; pourtant sans leur donner la moindre espérance. Ils ne savent comment me prendre. Tous voudraient me sauver la vie ; mais je ne leur en donne pas l'espérance.

» Je ne vous dis plus rien là-dessus. Vous m'avez bien réjoui de m'apprendre que mes parents se portent bien. Je vous en suis très obligé. Continuez-moi, s'il vous plaît, vos bonnes prières, et croyez-moi de cœur et d'âme tout à vous. Je vous prie de prendre garde que mes lettres ne fassent aucun bruit, car, si on découvrait que j'écris, cela pourrait avoir des suites fâcheuses.

» Je ne vous dis plus rien sur mon état, ni sur ce que je pense, ni sur mes besoins. Dans mes deux premières lettres, je vous en instruisais assez. Depuis, je n'ai pas changé en rien ;

je suis toujours le même. J'ai les mêmes besoins et les mêmes secours. Au reste, Monsieur et très cher frère, je suis assuré que
vous ne négligez rien pour mon bonheur présent et à venir. Dieu veuille bénir vos soins et
vous les récompenser dans le temps et dans
l'éternité !

» Adieu, mon cher et bien-aimé frère ;
priez pour moi.

» Desubas. »

On l'a vu, dans ces deux lettres, des tentatives de prosélytisme étaient faites auprès de
Desubas. A Montpellier, comme à Tournon, les
prêtres se bercèrent de l'espoir qu'il rentrerait
dans le giron de l'Eglise. Entre tous, le jésuite
Senaud, professeur du collège, se distingua par
son zèle et ses efforts. Le 21 janvier, il demanda
à l'intendant l'autorisation de visiter de nouveau
le prisonnier, en manifestant l'espoir de le convertir. Lenain ne partageait pas ses illusions :
« J'ai reçu, » lui répondit-il, « votre lettre
sur les espérances que vous avez de la conversion du ministre. Je vous avoue que j'ai été
surpris de ce que vous me marquez à ce sujet.
On m'a assuré qu'il ne voulait plus vous voir,
non par rapport à vous-même, mais en haine
de votre robe : ce qui fait l'éloge de votre Com-

pagnie d'être ainsi en horreur à ceux qui pensent mal sur notre religion (1). »

Cependant les États du Languedoc s'étaient réunis, le 20, à Montpellier. Le procès de Desubas occupa la grave assemblée et les évêques qui s'y trouvaient, de concert avec celui de la ville, ne négligèrent rien pour l'amener à changer de religion : « Les agréments de sa personne, la politesse de ses manières et la douceur de ses réponses, » dit Armand de La Chapelle, « lui en acquirent l'estime ; mais sa fermeté inébranlable leur ôta tout espoir de succès. » L'évêque de Montpellier, surtout, fut assidu à le visiter : « Nous voudrions, » lui disait-il, « vous sauver la vie du corps, mais surtout celle de l'âme ; » et, dans ce but, il l'exhortait à reconnaître son erreur. Desubas, sans rien promettre, tâchait de gagner du temps : « Je suis prêt, non à disputer, » répondait-il au prélat, « mais à vous écouter, à lire les livres que vous me donnerez. Si je reconnais qu'il y a des erreurs en moi, je suis disposé à les abandonner ; mais, tant que je n'en trouverai point, je serai toujours le même. » Dans quel but parlait-il ainsi ? Il nous le dit lui-

(1) Archives de l'Hérault.

même, dans la lettre qui nous fournit ces détails : « Je n'ai pas voulu désespérer tout à fait
ces Messieurs, afin de faire traîner les choses
en longueur, espérant qu'en attendant, Dieu
pourrait faire naître quelque moyen pour ma
délivrance ou bien adoucir le cœur de mes juges en ma faveur. » Désir naturel chez un
jeune homme de vingt-six ans qui aurait voulu
se dévouer, longtemps encore, à la cause
de son Maître. D'ailleurs il était bien décidé
à ne pas conserver sa vie par une lâcheté :
« De quelle manière qu'il soit, » ajoutait-il,
« je suis et je serai toujours le même, toujours
votre frère et celui de la personne qui vous est
la plus chère... »

L'évêque, espérant réussir dans ses tentatives
de conversion, demanda un sursis à Lenain ;
mais ces lenteurs étonnaient la cour. Dès le
15 janvier, Saint-Florentin écrivait à l'intendant :
« J'a rendu compte au conseil de cette affaire,
et l'on est d'avis qu'il est absolument nécessaire
de punir le prédicant suivant la rigueur des ordonnances ; mais, surtout, qu'il faut le faire le
plus promptement possible. » Bientôt de nouveaux ordres arrivèrent et les convertisseurs en
profitèrent pour tenter un dernier effort ; ce fut
inutile : « Le temps que vous m'avez donné

pour examiner toutes choses est trop court, » leur répondit Desubas. « J'ai eu l'honneur de vous écouter, de lire les ouvrages que vous m'avez donnés, mais tout cela n'a encore rien produit, pour ainsi dire, sur mon esprit. En matière de religion, une personne sage ne se détermine pas si facilement. Il faut plus de réflexions sur tout cela, et, enfin, si vous voulez me juger, je suis résigné à la volonté de Dieu et prêt à subir la sentence qu'on rendra à mon sujet ou contre moi. »

Par ces dernières paroles, Desubas venait de prononcer son arrêt de mort. Il le comprit lui-même : « Mon sort est triste, comme vous voyez, » dit-il, dans la lettre qui renferme ces détails ; « j'ai besoin d'un courage à toute épreuve et du puissant secours de mon Dieu, lequel il ne me refusera pas ; je l'espère de sa miséricorde infinie. Il m'a soutenu jusques à présent ; il me fera la grâce de me soutenir dans la vérité jusqu'à la fin de ma vie. Mais, pour cela, j'ai besoin de le prier sans cesse. Joignez vos prières aux miennes pour que ce Dieu plein de bonté ne m'abandonne jamais. Si vous partez demain, je n'aurai plus, sans doute, la satisfaction de vous écrire ni d'avoir de vos nouvelles qui me sont si chères. Ainsi je finis ma lettre en vous remerciant de tous les soins que vous vous êtes donnés pour moi et de toutes vos grandes bontés à mon égard. Je prie Dieu qu'Il vous accorde ici-bas tous les contentements que vous pouvez désirer, tout le bonheur possible et, au sortir de ce monde de misère, d'iniquité, la gloire éternelle de son paradis. Adieu donc, ma très chère et bien-aimée sœur; le Seigneur soit avec vous. Priez pour moi. »

Cette lettre touchante se terminait par ce *post-scriptum* : « Ma très chère sœur, voici le moment auquel je dois être jugé. C'est ici la dernière par laquelle vous aurez de mes nouvelles. Adieu donc; je vous souhaite la bénédiction de Dieu, de même qu'à tous nos frères, chers parents et amis.

« DESUBAS. »

En effet, l'illusion n'était plus possible. Les conclusions du procureur royal faisaient prévoir l'issue du procès. Comme tant d'autres, Desubas devra sceller de son sang le témoignage qu'il rend à l'Evangile. Il a fait à Dieu le sacrifice de sa vie; mais il lui reste à préparer ses parents à ce tragique événement et à leur adresser un suprême adieu. Nous possédons cette dernière lettre. Ce sont les *novissima verba* du martyr. On ne peut les lire sans que les yeux se mouillent de larmes :

« Mon très cher père et ma très chère mère, comme je ne doute point que votre tendresse pour moi ne vous ait fait épouver les chagrins les plus sensibles et les plus vifs qu'il soit possible d'imaginer, à cause de ce que la divine providence a voulu permettre qu'il m'arrivât, je me fais violence pour vous écrire ces deux mots ; ne pouvant le faire sans verser un torrent de larmes, pensant à l'amour que vous avez eu pour moi et à votre état depuis ma détention. Mais l'amour filial profondément gravé dans mon cœur, et le désir ardent que j'ai de vous consoler sur ce qui me regarde, et de vous porter à adorer avec moi les jugements de Dieu, m'y forcent malgré moi. Souffrez donc, mon très cher père et ma très chère mère, que je vous prie très instamment de ne pas vous affliger, ni de vous inquiéter au delà de ce qu'il faut sur ce qui me regarde. Nous ne savons pas pourquoi Dieu a permis ce qui m'est arrivé, mais nous devons être persuadés qu'il a eu de bonnes raisons pour le permettre. Vous perdez un fils que vous chérissez et qui vous chérit infiniment, mais vous serez réunis avec lui un jour dans le ciel ; nous devons l'espérer de la miséricorde de Dieu, pourvu que nous lui soyons fidèles jusqu'à la mort. Soyons donc soumis à sa volonté ici bas et acquiesçons humblement à ses ordres ; soyons persuadés qu'il ne fait rien que par de sages voies. Hé ! quel honneur n'est-ce pas pour vous d'avoir un fils qui souffre pour avoir prêché l'Evangile de Jésus-Christ notre Sauveur, pour l'avoir suivi et pour avoir enseigné sa volonté aux hommes ! C'est là tout le crime que les hommes peuvent imputer à votre fils ; or, de ce qu'on lui fait un crime, il s'en fait une véritable gloire. Oui, mon cher père et ma chère mère, je me glorifie de souffrir pour le nom de Christ ; je m'en réjouis ; je suis heureux de ce qu'il ma choisi pour le confesser devant les hommes, pour suivre ses traces et celles de tant d'illustres et glorieux martyrs qui ont enduré constamment, pour la même cause, toute sorte de maux et qui ont aussi obtenu la béatitude céleste, laquelle j'espère que ce bon Sauveur m'accordera aussi, après que j'aurai souffert, pour l'amour de lui, tous les mauvais traitements auxquels je puis être exposé de la part des hommes.

« Mon cher père et ma chère mère, pensez sérieusement à ces choses et consolez-vous avec le Seigneur : c'est la grâce que vous demande votre fils qui vous embrasse de tout son cœur et qui portera votre souvenir jusqu'au tombeau, en priant Dieu de vous bénir, de vous conserver et de vous protéger le reste de vos jours sur la terre, et, enfin, de vous mettre en possession de son ciel où nous aurons le bonheur d'être réunis et, cela, pour l'éternité. Veuille ce grand Dieu nous en faire la grâce ! Amen.

» Permettez encore, mon cher père et ma chère mère, que je vous exhorte à craindre, à aimer et à servir Dieu et à vous attacher sans cesse à la piété et à la vertu : ce sont les seuls biens que nous emporterons de ce monde. J'exhorte aussi à la même chose mes chers frères et sœurs, beaux-frères et belles-sœurs. Incitez-vous les uns les autres aux bonnes œuvres et à la sainteté ; secourez-vous les uns les autres ; vivez toujours dans la paix et dans l'union. Par ce moyen vous attirerez la bénédiction de Dieu sur vos personnes ici-bas et vous obtiendrez un jour la vie éternelle.

» Adieu, mon très cher père et ma très chère mère ; je vous recommande à la protection divine. Que le Seigneur soit toujours avec vous et avec mes très chers frères, sœurs, beaux-frères et belles-sœurs, parents et amis. Je vous em-

brasse tous très tendrement. Priez Dieu pour
moi, qu'il me fasse miséricorde, qu'il me sou-
tienne jusqu'à ma fin et qu'il me fasse la grâce
d'être patient et content dans toutes mes épreuves.

» Celui à qui j'avais donné mes registres donnera à M. B. ce qu'il lui demandera, afin qu'il en
fasse ce qu'il sait qu'il en faut faire. Le reste de
tout ce que je puis avoir vous sera remis, et vous
vous en servirez comme vous le jugerez à propos. M. B. vous parlera là-dessus ; ainsi, je ne
dis plus rien là-dessus ; d'ailleurs je ne puis
plus écrire. Si je dois quelque chose, on aura
la bonté de le payer de ce que je puis avoir.

» J'avais oublié de vous dire que, béni soit
Dieu! rien ne me manque. J'ai tout ce que je
puis désirer dans la prison. Adieu encore, mon
cher père et ma chère mère, mes chers frères et
sœurs, beaux-frères et belles-sœurs. Je suis
tout à vous et à mes parents et amis et surtout
à mes chers frères en Jésus-Christ.

» Ce 30 janvier 1746.

» DESUBAS (1). »

Ainsi le sacrifice est consommé. Tous les

_____

(1) Papiers Lebrat.

liens qui rattachent Desubas à la terre sont brisés. L'intendant n'a plus qu'à préparer la potence et l'Eglise sous la croix comptera un martyr de plus.

CHAPITRE XIII.

LE DERNIER JOUR.

Desubas comparaît devant Lenain. — Jugement qui le condamne à mort. — Derniers moments du martyr. — Lettre
de Lenain à Saint-Florentin. — Contraste entre la foi du
martyr et l'incrédulité des persécuteurs.

Le 1er février 1746 fut le dernier jour que
Desubas passa sur la terre. De bonne heure
Lenain le fit comparaître devant lui pour lui
faire subir un dernier interrogatoire. Il se présenta devant ses juges avec une attitude à la
fois ferme et respectueuse qui s'alliait si bien,
chez lui, au charme de la jeunesse, qu'ils en
furent tous, au dire d'Armand de La Chapelle,
« aussi satisfaits qu'attendris. » L'intendant
l'adjura, par le nom de Dieu, devant lequel il
allait comparaître, de dire la vérité sur les
questions qui lui seraient posées.

— Je le promets, répondit le confesseur.

— Quelle est votre profession ? lui demanda l'intendant.

— Depuis deux ans, répondit le prévenu, je fais la profession de ministre; j'ai prêché dans les assemblées, fait des baptêmes et des mariages.

— Connaissez-vous Rochette?

— Oui, Monseigneur; mais je n'ai point de liaison particulière avec lui.

— Avez-vous logé chez lui plusieurs fois?

— Je ne puis répondre à cette question.

— Depuis quand y logiez-vous?

— Je garde le silence là-dessus.

— Les protestants ne font-ils pas des amas d'argent?

— Non, Monseigneur.

— Ne font-ils pas des amas d'armes?

— Je ne connais aucun amas d'armes emmaganisées par les protestants.

— N'êtes-vous point instruit qu'il existe dans le Vivarais des émissaires étrangers pour y tramer des intrigues capables de troubler l'Etat?

— Rien de tout cela n'est vrai. Les ministres ne prêchent que la patience et la fidélité au roi (1).

(1) Archives de l'Hérault.

On raconte qu'à cette réponse de Desubas, Lenain aurait dit : « Je le sais. » Les questions qu'il lui adressa nous expliquent son désir de le voir et de l'entendre lui-même. La guerre se poursuivait avec vigueur, et la cour, toujours inquiète, avait appris que des émissaires anglais parcouraient le Languedoc et tâchaient de soulever les religionnaires. Il fallait s'assurer si ces bruits étaient fondés et prévenir le danger de ces démarches, en arrachant au pasteur des renseignements. Malgré tant de témoignages contraires, la cour ne pouvait croire au caractère pacifique de leur ministère et de leur prédication.

Cependant ses ordres étaient précis. L'année précédente, les juges de Grenoble avaient condamné à mort, à deux mois et demi d'intervalle, Ranc et Roger. Ceux de Montpellier ne pouvaient se montrer moins sévères, nous dirions volontiers moins cruels. Nous avons tenu dans nos mains un grand placard in-folio, contenant l'arrêt qui condamne Desubas à la peine capitale. On y voit encore, aux quatre coins, les traces de la pâte, dévorée par les insectes, qui avait servi à l'afficher à la porte des consuls de Rosans, dans le Dauphiné. Nos pères pouvaient y lire avec émotion les paroles suivantes :

« De par le Roy, jugement du 1er février 1746 qui condamne à mort le nommé Majal-Desubas, ministre de la R. P. R., et le nommé Menut dit Rochette aux galères perpétuelles, pour avoir donné retraite audit Majal.

» Jean Lenain, chevalier, baron d'Asfeld, conseiller du Roy en ses conseils, maître des requêtes ordinaire de son Hôtel, Intendant de Justice, Police et Finances en la province du Languedoc ;

» Vu l'arrêt du 25 octobre 1745, par lequel nous avons été commis pour faire le procès à tous les ministres et prédicants qui pourront être arrêtés dans la province du Languedoc, et à ceux qui leur auront donné retraite...

» Ouï le rapport et tout considéré ;

» Nous, de l'avis des sieurs de Massilian, président et juge-mage en la sénéchaussée et siège présidial de Montpellier, Fermaud, lieutenant principal, Lagarde, Jausseran et Nadal, conseillers au même siège, Baudouin, Assier et Colomb, avocats, avons déclaré et déclarons ledit Mathieu Majal dit Desubas duement atteint et convaincu d'avoir fait les fonctions de ministre de la Religion prétendue réformée dans le haut et le bas Vivarais, pour réparation de quoi le condamnons à être pendu et étranglé, jusqu'à ce que mort s'ensuive, à une potence qui sera, à cet effet, dressée à la place de l'Esplanade de la présente ville. Ordonnons que les livres à l'usage de ladite religion, sermons et papiers qui ont été trouvés dans la valise dudit Majal, autres que ceux servans à la conviction, seront brûlés sur ladite place de l'Esplanade, par l'Exécuteur de la haute justice. Comme aussi avons déclaré et déclarons ledit Jean Menut dit Rochette duement atteint et convaincu d'avoir donné retraite dans sa maison audit Majal, pour raison de quoy le condamnons à servir de forçat, dans les galères du roy, pendant sa vie. Déclarons les biens desdits Majal et Menut acquis et confisqués au profit de Sa Majesté, préalablement distrait le tiers pour leurs femmes et enfants s'ils en ont, et les entiers frais et coûts du procès. Ordonnons que la maison dudit Rochette, dans laquelle ledit Majal-Desubas fut arrêté, sera rasée à la diligence du procureur du roy, et, en ce qui concerne lesdits Pierre Masse, Etienne Debar et Jean-Pierre Debar, ordonnons qu'il sera plus amplement informé pendant un an, et, cependant, ils tiendront prison close. Condamnons lesdits Majal-Desubas et Menut dit Rochette aux dépens les concernant, ceux de l'interlocutoire réservés.

» Fait à Montpellier, le premier février 1746.

» Signés : Lenain, Massilian, Fermaud, Lagarde, Jausseran, Nadal, Baudouin, Assier et Colomb. »

« Lorsque la sentence fut prononcée au prisonnier, il fut le seul, » dit Armand de la Chapelle, « qui n'en parut point ému. Tous les juges pleuraient, et l'intendant, qui pleurait aussi, l'assura que c'était avec douleur qu'il le condamnait, mais que c'étaient les ordres du roi. » Ces larmes paraissent étonnantes de la part d'un intendant qui était loin de passer pour tendre et compatissant : « Son caractère est dur ! » s'écrièrent les protestants dès qu'ils apprirent sa nomination. « Il nous a menacés avant que d'avoir l'autorité en main : que fera-t-il à présent qu'on vient de la lui conférer ? » L'avenir justifia leurs craintes ; mais des lettres de cette époque, venues de Montpellier, affirment le fait rapporté par La Chapelle. Elles prouvent que nos pères savaient encore plaider en faveur de leurs persécuteurs les circonstances atténuantes, et que tout sentiment humain n'était pas éteint chez l'intendant.

La dernière heure de Desubas allait sonner. Nous détachons, pour la raconter, une belle page de l'*Histoire des pasteurs du Désert* :

« L'échafaud était dressé sur l'Esplanade de
Montpellier, devant la citadelle même. Quatorze
tambours (1) battirent, aussitôt que le confesseur parut, à demi dépouillé de ses vêtements
et dans l'appareil ordinaire du martyre. La
beauté de sa figure, si calme en présence de la
mort, émut vivement la multitude, dont l'at-
tendrissement redoubla, lorsque, tombant à
genoux, il pria ardemment en regardant le
ciel. Il montait rapidement l'échelle fatale ;
mais, à la seconde marche, on l'arrêta pour
qu'il vît les flammes consumer ses homélies...
Il dit adieu aux deux jésuites debout à ses côtés, et, repoussant le crucifix qu'ils appro-
chaient de ses lèvres, il gravit les derniers de-
grés qui le séparaient du Christ vivant et
immortel. Ainsi mourut à vingt-six ans le ministre Matthieu Desubas. Sa jeunesse, sa beauté,
son intelligence, sa mansuétude, sa sérénité,
son héroïsme évangélique forment comme un
fond lumineux d'où se détache la figure de ce
martyr, le plus populaire du Désert. Rien ne
manque à sa gloire : il obtint les regrets des
protestants et des catholiques, des évêques et
des juges, des geôliers et des bourreaux. Les

____

(1) Armand de La Chapelle ne parle que de deux.

poètes populaires célébrèrent son triomphe, et « la troupe angélique vers laquelle son âme s'envola, » dit la ballade, « et dont il désirait ouïr la symphonie, » l'accueillit sans doute avec des hymnes et des palmes (1). »

Aussitôt après l'exécution, Lenain écrivit au comte de Saint-Florentin : « Nous avons jugé ce matin l'affaire du Vivarais. Le nommé Majal a été convaincu par témoins et par ses écrits d'avoir fait toutes les fonctions de ministre; il a été condamné à mort et exécuté sans aucun trouble. » Il disait au secrétaire d'Etat qu'on avait trouvé, dans la procédure, des indications relatives à des complices de Majal, « mais, » ajoutait-il, « MM. les évêques de la province m'ont fait l'honneur de me venir trouver pour m'exposer que, l'affaire du Vivarais n'ayant eu non seulement aucune suite, mais encore que tout le pays étant entièrement tranquille, ils me demandaient de ne point suivre les procédures et de supplier Sa Majesté de leur faire grâce (2). » Tardives sympathies qu'il aurait fallu manifester en faveur du pasteur lui-même; mais on était trop

(1) N. Peyrat, *Histoire des pasteurs du Désert*, t. II, p. 410, 411.
(2) Archives de l'Hérault.

heureux que le Vivarais fût débarrassé de sa
présence. Et puis, comment emprisonner tous
ceux qui s'étaient mariés ou avaient fait baptiser
leurs enfants au Désert ? Dans l'impuissance de
sévir, il était habile pour le clergé de paraître
généreux, en attendant que la capture et le
supplice d'un nouveau prédicant vinssent lui
causer encore une joie non dissimulée.

Sombre époque, en vérité ! La guerre prend
chaque jour un caractère plus menaçant ; les
finances sont obérées ; point d'unité dans le
gouvernement, point de tranquillité ni d'ordre
dans les esprits. Aussi les écrivains les plus
clairvoyants annoncent une catastrophe : « A
moins que Dieu n'y mette la main, » écrit
Mme de Tencin, « il faut que l'Etat·culbute. »
— « La révolution est certaine dans ce pays, »
dit à son tour le marquis d'Argenson ; « il
s'écroule par ses fondements. » Et, au lieu de
relever les mœurs publiques, le roi continue à
donner l'exemple des plus scandaleux désordres.
On put croire, un jour, que les malheurs de
la patrie allaient le tirer de son abjection, et
lorsqu'il eut pris le commandement de ses
troupes, ce fut un soulagement pour la France.
Elle pleura son roi malade et pria pour lui.
Hélas ! il ne tarda pas à retomber dans les

chaînes honteuses de la débauche. A la mort de Mme de Châteauroux, il prit pour maîtresse, à la fin de février 1745, la trop célèbre Mme de Pompadour, et pendant que se consommait l'avilissement du prince, la persécution redoublait de rigueur : « La correspondance des intendants, » dit un austère écrivain, « fait voir à nu le double caractère de cette persécution, froidement cruelle de la part des hauts fonctionnaires libertins et incrédules, grossièrement fanatique de la part du bas clergé. Cette période rappelle, bien mieux que celle de 1685, ces derniers jours de l'antiquité, où les chefs épicuriens et sceptiques de l'empire romain donnaient hypocritement la main aux prêtres du paganisme populaire pour exterminer les chrétiens (1). »

Où s'était réfugiée la dignité humaine en ces jours néfastes? Chez quelques jansénistes et chez nos pères. La figure sereine de nos martyrs se détache comme un point lumineux sur le fond ténébreux de cette époque.

(1) Henri Martin, *Histoire de France*, t. XV, p. 130.

CHAPITRE XIV.

LE LENDEMAIN DU MARTYRE.

La cour récompense les bourreaux. — Jeûne général dans les
Eglises. — Lettre pastorale de Viala. — Complaintes populaires sur Desubas. — Leur caractère. — La persécution
provoque des vocations pastorales. — Bonnes nouvelles du
séminaire de Lausanne. — Gauthier et Bérenger. — Conclusion.

On vient de voir la mort du martyr; il ne
sera pas sans intérêt maintenant de savoir comment ses bourreaux furent récompensés. A tout
seigneur tout honneur. Ce fut Lenain qui en
recueillit la plus grande gloire. Le 13, le comte
de Saint-Florentin répondit, en ces termes, à
l'avis qu'il lui avait donné de l'exécution du
condamné : « J'ai rendu compte de vos lettres
au roi, qui a approuvé votre jugement et ses

motifs. Sa Majesté est bien aise que l'exécution du ministre se soit faite sans trouble, et que vous n'ayez pas déféré aux instances que Messieurs les évêques ont faites pour la suspendre. Elle persiste dans l'intention de faire grâce à tous les coupables qui ont été chargés par les informations (1). »

Le même jour, d'Argenson, ministre de la guerre, écrivait à l'heureux intendant : « Je ne vois rien qu'à approuver dans tout ce que vous avez fait à cette occasion. » Il s'étonnait seulement qu'on n'eût pas ordonné un plus ample informé contre Masse et les deux frères Debar.

Après le secrétaire d'Etat et le ministre de la guerre, ce fut au ministre de la justice à féliciter Lenain. D'Aguesseau lui écrivit, à la date du 9 février : « Vous ne pouviez vous dispenser de condamner ce prédicant aussi rigoureusement que vous l'avez fait, et l'exécution qui a été faite de ce malheureux, sans causer la moindre émotion même dans les esprits, donne lieu d'espérer que la tranquillité qui est rétablie, à présent, dans le Vivarais sera durable. La condamnation que vous avez portée contre celui qui retirait ce prédicant dans sa maison

(1) Archives de l'Hérault.

n'est pas moins juste, et je loue fort la prudence qui vous a empêché de porter plus loin des recherches qui n'auraient servi apparemment qu'à répandre l'alarme dans un pays où le calme règne à présent. »

Voilà pour l'intendant; mais tous ceux qui avaient concouru, de près ou de loin, à l'arrestation du ministre eurent aussi leur part des éloges et des récompenses. La Devèze avait réclamé pour prix de son zèle de l'avancement pour son fils. La lettre suivante de Saint-Florentin, en date du 26 février, dut le satisfaire : « Vous avez, Monsieur, donné tant de preuves de votre zèle pour le service du roi, que Sa Majesté vous rend depuis longtemps la justice qui vous est due. La conduite que vous avez tenue dans l'affaire de Vernoux ne fait que la confirmer dans l'opinion avantageuse qu'elle avait conçue de vous. Je suis persuadé qu'elle se portera volontiers à faire du bien à Monsieur votre fils; et j'en parlerai avec grand plaisir à M. le comte d'Argenson. J'écris à M. de Serre, à M. de Jouviac et à M. de Liviers, comme vous me le proposez, et je l'aurais fait de moi-même si j'avais été plus particulièrement instruit des services qu'ils ont rendus dans les circonstances de la capture du ministre Desubas. » Nous avons les lettres envoyées par Saint-Florentin à ces trois gentils-hommes. Identiques pour le fond, elles ne diffèrent que dans la forme donnée à l'éloge. Voici celle que reçut M. de Serre : « Vous vous êtes conduit, Monsieur, avec trop de zèle et de capacité dans l'affaire de Vernoux, pour ne pas recevoir les éloges qui vous sont dus. Non seulement je vous rends la justice que vous méritez, mais j'ai informé le roi de tout ce que vous avez fait en cette occasion, et je suis charmé de vous témoigner que Sa Majesté a été très satisfaite (1). »

Le lieutenant Charles de Sauzay, sieur de la Baronière, qui avait arrêté Desubas, reçut une gratification de trois cents livres, en même temps qu'une compagnie ; tandis que le traître Chevalier, qui l'avait dénoncé, obtint la récompense promise de mille écus.

La jeunesse de Vernoux, qui s'était distinguée lors du massacre, fut dispensée, pour l'année 1746, de tirer au sort pour la milice.

Le juge Afforty, qui était sorti à la rencontre de la foule, en lui promettant hypocritement la délivrance du ministre, fut aussi l'objet des at-

(1) *Ibidem.*
(2) Archives nationales. Communication de M. le pasteur Jules Vinard.

tentions de Dumolard, le subdélégué de Tournon, qui écrivit le 20 mars à Lenain : « Je
joins encore ici un certificat des habitants de
Vernoux en faveur du sieur Afforty, dont un
bois de châtaigniers qui se trouve, malheureusement pour lui, à portée dudit Vernoux et
qui a servi d'asile et de retraite aux religionnaires qui avaient entrepris d'enlever ledit
Majal, a été considérablement endommagé. Je
pense, Monseigneur, que vous jugerez à propos
de faire indemniser ce particulier qui est un très
honnête homme, et qui, pendant les troubles
arrivés à Vernoux, a efficacement travaillé, pour
la sûreté du lieu, en faisant fournir des balles
et de la poudre à ceux qui en manquaient, pour
s'opposer à l'entreprise des séditieux (1). »

L'exécuteur de la haute justice reçut trente
livres pour sa peine, et ses aides en eurent dix
pour avoir brûlé les livres et les manuscrits du
martyr.

Enfin, tous les frais qu'entraînèrent la capture, l'emprisonnement, le voyage, le procès
des prisonniers s'élevèrent à plus de sept mille
livres (2). Comme l'arrondissement dans le-

(1) Archives de l'Hérault.
(2) On trouvera, aux *pièces justificatives*, deux états des
frais occasionnés par la capture de Desubas.

quel on avait arrêté Desubas était trop pauvre pour les payer, ils furent à la charge de Menut. Le 16 février, pendant qu'il se rendait aux galères, sa maison fut démolie. Elle était grande et bien bâtie. Il était tombé, les jours précédents, une neige abondante, et il fallut deux journées et beaucoup d'ouvriers pour accomplir cette œuvre de vandalisme. On épargna la grange et les écuries, qui étaient très vastes et séparées de la maison, la fortune de Menut consistant surtout en blé, fourrage et bestiaux. Depuis, on a rebâti cette maison et l'on montre encore au visiteur, que le culte des souvenirs conduit au Mazel, le lit où dormit Desubas, la nuit de son arrestation.

Son supplice ne pouvait manquer de produire, sur les protestants du Midi, une impression profonde. Ils sentirent le besoin de s'humilier sous la puissante main du Seigneur qui s'appesantissait sur eux. Un jeûne général fut ordonné dans les Eglises pour fléchir le courroux céleste, et Michel Viala, le modérateur du synode de 1744, se fit l'interprète des sentiments de tous, en s'écriant, dans une lettre pastorale : « Que chacun de vous s'occupe uniquement aux choses du ciel ! Que le négociant ferme sa boutique ! Que l'artisan cesse les actes de sa profession, et le laboureur ses travaux! Que le jeune et le vieux, le riche et le pauvre, que les pasteurs, les anciens et les troupeaux pleurent entre le porche et l'autel, et qu'ils disent : O Eternel, pardonne à ton peuple, et n'expose point à opprobre ton héritage (1). » Il songea même à se mettre à l'abri de poursuites incessantes, en passant à l'étranger. Il avait déjà fait ses adieux à son troupeau, lorsque, repris dans sa conscience, il resta. La persécution l'épargna. Moins heureux que lui, Bénézet, Teissier dit Lafage et Rochette, durent gravir encore l'échelle fatale, avant que l'édit de tolérance de 1787 mît un terme à des persécutions qui duraient depuis un siècle.

Les poètes du Vivarais composèrent sur les malheurs de Desubas plusieurs complaintes, dont quatre sont parvenues jusqu'à nous. C'est tout un *romancero* religieux qui contient près d'un millier de vers. Ceux que la littérature du Désert intéresse les trouveront à la fin du volume. Si le sentiment poétique ne s'y maintient pas toujours à la hauteur du sentiment religieux, elles n'en reflètent pas moins avec force la piété

(1) Peyrat, ouvrage cité, t. II, p. 414.

austère de ce temps, en même temps que l'affection profonde que les fidèles avaient pour Desubas. Elles prouvent que La Chapelle n'exagérait pas, lorsqu'il disait « qu'il n'y a guère eu, dans ces provinces, de ministre ni plus considéré ni plus chéri que l'était celui-là. » La complainte la plus étendue, qui est aussi la meilleure, se termine par ces deux strophes pleines de soumission aux décrets de Dieu :

> Faisons cesser nos plaintes,
> Fidèles protestants,
> Nos sanglots, nos complaintes,
> Et nos regrets cuisants.
> Zubac n'est plus à plaindre,
> Il est hors de danger ;
> Il n'a plus rien à craindre,
> Ni rien à désirer.
>
> Chérissons sa mémoire,
> Imitons son ardeur ;
> Suivons-le dans la gloire,
> De l'esprit et du cœur.
> Que si Dieu nous appelle
> Aux tourments rigoureux,
> Imitons ce fidèle
> Et nous serons heureux.

Nos pères suivirent ces conseils. Ils laissèrent passer l'orage, sans désespérer de Dieu ; et Dieu les soutint puissamment, en ces jours

à la fois néfastes et bénis : « Pour ce qui est du
Vivarais, » écrivait, en 1750, Corteiz à Benjamin du Plan, « vous avez, sans doute, appris
les fâcheuses affaires qu'il arriva, à l'occasion
de la prise de feu M. Desubas, dont le martyre, qu'il a souffert avec une constance et une
fermeté dignes des premiers siècles, a extrêmement édifié les fidèles. Mais, grâces immor-
telles soient rendues à Dieu, ces fâcheuses
affaires ne furent pas de longue durée. Bientôt
les assemblées, baptêmes et mariages, y reprirent bon train, qui s'est soutenu en aug-
mentant, même jusqu'à aujourd'hui (1). » Le
lendemain de l'exécution du martyr, le comte
de Saint-Florentin, l'ignorant encore et s'éton-
nant d'une lenteur qui n'était pas dans les habi-
tudes de Lenain, lui écrivait de hâter le supplice : « J'espère, » ajoutait-il, « qu'il empêchera
d'autres ministres de se hasarder à tenir des
assemblées. » Son espoir fut déçu : « Cette mort,
bien loin de causer quelque découragement
parmi nos jeunes gens, » écrivait Court, de
Lausanne, « ne sert qu'à enflammer leur zèle.
Rien n'est si beau que les sentiments qu'ils ex-

(1) Bonnefon, *Benjamin du Plan, gentilhomme d'Alais,*
p. 282.

priment, et, ce qu'il y a de plus digne d'admiration, c'est que, depuis cette mort, il se présente deux nouveaux sujets (1). » Il parlait d'un prosélyte nommé Gauthier et d'un autre Dauphinois, Jean Bérenger, qui avaient senti s'éveiller en eux la vocation du martyre, au pied de la potence de Desubas. Le dernier devait fournir une longue carrière, dans sa province natale, pendant la seconde moitié du dix-huitième siècle. C'est ainsi que le sang des martyrs est toujours, selon le mot de Tertullien, une semence de chrétiens, et que se réalisa, une fois de plus, cette belle parole du père Lacordaire : « Jésus demande des apôtres et des martyrs à toute génération qui se lève, et il trouve des apôtres et des martyrs au sein de toutes les générations. »

(1) Mss. de Court, t. VII, p. 174.

FIN.

PIÈCES JUSTIFICATIVES

I

JUGEMENT DE MAJAL-DESUBAS

(Tiré des papiers de M. Fazende , greffier à Rosans.)

De par le Roy, jugement du 1er février 1746 qui condamne à mort le nommé Majal-Desubas, Ministre de la Religion Prétendue Réformée, et le nommé Menut dit Rochette aux galères perpétuelles, pour avoir donné retraite audit Majal.

Jean Lenain, chevalier, baron d'Axfeld, Conseiller du Roy en ses conseils, Maître des Requêtes ordinaire de son Hôtel, Intendant de Justice, Police et Finances en la province de Languedoc.

Veu l'Arrêt du 27 octobre 1745, par lequel nous avons été commis pour faire le procès à tous les Ministres et Prédicants qui pourront être arrêtés dans la Province de Languedoc, et à ceux qui leur auront donné retraite, secours et assistance, leurs fauteurs, complices et adhérents, circonstances et dépendances, pour être par Nous jugés en dernier ressort, avec tel Présidial qu'il nous plaira choisir ou le nombre des gradués requis par l'Ordonnance, nous attribuant à cet effet toute cour, juridiction et connaissance, et icelle interdisant à toutes les autres cours et Juges, avec permission de subdéléguer, pour l'instruction, et de commettre pour Procureur du Roy et pour Greffier qui bon nous semblera; les Lettres-Patentes expédiées sur ledit Arrêt le même jour, notre Ordonnance d'attache du 5 janvier dernier par laquelle nous avons commis le sieur Baudouin, Avocat, notre subdélégué à Montpellier, pour procéder à l'instruction des Procès qui seront faits en exécution dudit Arrêt, le Sr Solier, avocat du Roy au Sénéchal de Montpellier, pour faire les fonctions de Procureur du Roy, en la commission, et le sieur Dheur pour Greffier principal. La Requête en plainte du Procureur du Roy, avec notre Ordonnance du 10 dudit mois, portant que des faits y contenus, circonstances et dépendances, il en sera informé par devant ledit sieur Baudouin, Commissaire, tant contre les nommés Majal-Desubas, ministre, et Rochette, que contre les séditieux qui ont été arrêtés et autres leurs complices et adhérents, comme aussi qu'il sera procédé par ledit sieur commissaire, en présence dudit Majal-Desubas, à la description et inventaire des livres, lettres, papiers et effets trouvés sur ledit Majal, Ministre, ou dans la maison dudit Rochette pour, l'information et l'inventaire faits et raportés, être ordonné ce qu'il appartiendra. Le Procès-verbal dudit Commissaire du 15 du même mois, contenant ledit inventaire et description de Livres, Lettres, papiers et effets. Un Exploit d'assignation à témoins du même jour, l'Information faite, par ledit sieur Commissaire, contenant la déposition de seize témoins, du lendemain 16 dudit mois de janvier. Les conclusions du procureur du Roy du 17. Notre Ordonnance du même jour qui déclare la capture desdits Majal-Desubas, et Rochette, ensemble celle de trois quidams arrêtés avec des armes sur le chemin du Chaylar à Vernoux, bien faite. Ordonne qu'ils seront écroués dans les prisons de la citadelle de Montpellier où ils ont été transférés, pour être interrogés par ledit sieur commissaire sur les faits résultants des charges et informations, comme aussi que les livres, papiers et effets, mentionnés dans ledit verbal inventaire, demeureront joints et annexés à la procédure pour servir et valoir ce que de raison. L'exploit de signification faite aux accusés, le 18 dudit mois de janvier ; un autre Exploit du même jour contenant leur écroüe à eux dûement signifié. L'interrogatoire dudit Mathieu Majal surnommé Desubas, Ministre de la Religion Prétendue Réformée, natif du lieu des Ubas, paroisse de Vernoux, diocèse de Viviers, du 18 du même mois. L'interrogatoire de Jean Menut, dit Rochette, laboureur, habitant du lieu de Mazel, paroisse de Saint-Agrève, diocèse de Viviers, du 19 dudit mois. L'interrogatoire de Pierre Masse, travailleur de terre, habitant de Fommarette, paroisse de Saint-Voy, diocèse du Puy, du même jour. L'interrogatoire d'Etienne de Bar, marchand de chevaux, et de bœufs, résidant audit Fommarette, du même jour ; l'interrogatoire de Jean-Pierre de Bar, laboureur, de Fommarette, aussi du même jour. Les conclusions du Procureur du Roy sur la forme de procéder, du 19 dudit mois de janvier. Le Jugement par Nous rendu avec le nombre d'Officiers ou Gradués requis par l'Ordonnance, le 21 du même mois, portant

que les témoins ouïs ès informations et autres que le
Procureur du Roy voudrait faire ouïr, seraient récolés
en leurs dépositions, et confrontés, si besoin est ; aux
accusés, et que le Baptistaire écrit et signé par ledit
Majal, à lui représenté lors de son Interrogatoire, demeurera joint à la procédure. Un Exploit d'assignation
à témoins pour être récolés et confrontés, dudit jour
21 janvier dernier ; le Cayer des récolements du même
jour ; cinq Cayers de confrontations faites aux dits Majal-Desubas, Menut dit Rochette, Pierre Masse, Etienne
de Bar et Jean-Pierre de Bar, du lendemain. Vû aussi
les Livres et papiers mentionnés au verbal dudit sieur
Baudouin, Commissaire, du susdit jour 15 dudit mois
de janvier, et autres pièces jointes au procès par notre
Ordonnance du 17 du même mois, et par notre Jugement du 21 avec les Conclusions du Procureur du Roy,
ensemble les derniers Interrogatoires desdits accusés.

Ouï le raport, et tout considéré.

Nous, de l'avis des sieurs de Massilian, Président et
Juge-mage en la Sénéchaussée et Siége présidial de Montpellier, Fermaud, lieutenant principal, Lagarde, Jausserand et Nadal, Conseillers au même Siége, Baudouin,
Assier et Colomb, Avocats, Avons déclaré et déclarons
ledit Mathieu Majal, dit Desubas, dûëment atteint et
convaincu d'avoir fait les fonctions de Ministre de la
Religion Prétendue Réformée dans le haut et le bas Vivarais, pour réparation de quoi le condamnons à être
pendu et étranglé jusqu'à ce que mort s'ensuive, à une
potence qui sera, à cet effet, dressée à la place de l'Esplanade de la présente ville ; Ordonnons que les Livres à l'usage de lad. Religion, sermons et papiers qui
ont été trouvés dans la valise dudit Majal, autres que

ceux servant à la conviction, seront brûlés sur ladite place de l'Esplanade par l'Exécuteur de la Haute justice. Comme aussi avons déclaré et déclarons ledit Jean Menut dit Rochette, dûëment atteint et convaincu d'avoir donné retraite, dans sa maison, audit Majal, pour raison de quoy, le condamnons à servir de forçat dans les galères du Roy, pendant sa vie. Déclarons les biens desdits Majal et Menut acquis et confisqués au profit de Sa Majesté, préalablement distrait le tiers pour leurs femmes et enfants, s'ils en ont, et les entiers frais et coûts du Procès. Ordonnons que la maison dudit Rochette, dans laquelle ledit Majal-Desubas fut arrêté, sera rasée, à la diligence du Procureur du Roy, et, en ce qui concerne lesdits Pierre Masse, Etienne de Bar et Jean-Pierre de Bar, ordonnons qu'il sera plus amplement informé pendant un an, et, cependant, ils tiendront prison close. Condamnons lesdits Majal-Desubas et Menut dit Rochette aux dépens les concernant, ceux de l'interlocutoire réservés. Fait à Montpellier, le premier février 1746. Signés Lenain, Massilian, Fermaud, Lagarde, Jausserand, Nadal, Baudouin, Assier et Colomb.

Le susdit jour, requérant le Procureur du Roy en la commission, le présent Jugement a été lu audit Majal-Desubas et ensuite exécuté. Albisson signé.

Le même jour, requérant le Procureur du Roy, ledit jugement a été lu audit Menut dit Rochette. Albisson signé.

A Montpellier, De l'imprimerie d'Augustin-François Rochard, seul imprimeur du Roy, 1746.

II

FRAIS DE CAPTURE ET DE PROCÉDURE

(Tiré des Archives de l'Hérault.)

*Etat des frais que j'ai faits pour la prise de Desubas,
ministre, conduit au Pouzin le 2 janvier 1746.*

L'ordre reçu de M. de Ladevèze pour prendre des ministres, j'ay donné à deux espions en plusieurs fois.	102 l.	»
Le ministre arretté, reçu un Exprès de St-Agrève, le 11, à heures du soir.	3	»
Dudit, Envoyé un exprès à Vernoux. . . .	6	»
Le 12, envoyé un exprès à Vernoux. . . .	6	»
Le 14, envoyé un exprès à Vernoux. . . .	3	»
Dudit, envoyé deux exprès à Privas. . . .	9	»
Id. au Chaylar.	6	»
Id. un autre à Valence.	3	»
Dudit, envoyé mon secrétaire dans un batteau à quatre rames, à Valence, pour demander des troupes.	12	»
Dudit, je me rendis à Saint-Percy; pour trois chevaux de louage et la couchée de mes gens.	15	»

Pour 20 l. de poudre à Tournon , à 1 l. 4 s.
la livre.   24   »
Plus 40 l. de balles à 6 s. la livre.   14   »
Plus 20 l. ½ de poudre à St-Perey, à 1 l. 4 s.
la livre.   13   4
Le 15, pour aller à Vernoux et revenir cou-
cher à St-Perey ; pour trois chevaux et la
nourriture de mes gens.   15   »
Envoyé à Romans un exprès pour aller chercher 150 hommes du Régiment de Gatinois,
pour secourir Vernoux pour le jour de la
foire de St-Thomas, qui était menacé d'être
brûlé..   6   »
M. de La Devèze arrivé le 27 à Viviers, je
fus obligé de lui envoyer un Exprès en
poste pour recevoir ses ordres.   102   »
J'ai reçu ordre de me rendre à Privas ; pour
trois chevaux et la nourriture de mes gens.   45   »
Repartit le premier pour venir chercher le
ministre. Couché au Pouzin.   20   »
Repartit le 2 de Tournon , couché au Pouzin
avec les officiers du détachement qui conduisait le ministre.   37   4
Le 3 à Privas, pour la couché des chevaux et
la nourriture de mes gens.   16   8
Pour la nourriture du ministre et son hôte
Rochette, à raison de vingt sols par jour,
pendant 19 jours.   38   »

                              Total.   538 l. 16

CHATEAUNEUF.

Etat des frais et dépens exposé par M. Solier, avocat du roy au sénéchal de Montpellier et procureur du Roy, en la commission, à l'occasion du procès souverainement fait et parfait aux nommés Mathieu Majal-Desubas, Jean Menut dit Rochette, Pierre Masse, Etienne de Bar et Jean-Pierre de Bar, en vertu de l'arrêt du conseil du 25 octobre 1745.

Par le jugement qui est intervenu le 1er février dernier, les sieurs Majal et Rochette ont été condamnés solidairement aux dépens qui sont ceux qui suivent :

Pour cinq interrogatoires. . . . .   6 l.   »
Taxe des témoins.   230   »
Au sieur Baudouin, subdélégué, commissaire, pour la description et l'inventaire des effets dudit Majal.   8   »
Au nommé Bessière, voiturin du St-Esprit, pour avoir conduit avec sa charrette, dans la citadelle de Montpellier, les accusées. .   112   10
A l'exécuteur de la haute justice.   30   »
Aux exécuteurs pour avoir brullé les livres du dit Majal et pour le bois..   10   »
Au dénonciateur..   3000   »
Pour la requête et nomination d'un commissaire pour la démolition de la maison dudit Rochette.   3   »
A l'hoqueton, pour la conduite du prisonnier.   12   »
Plus au sieur Dumolard, subdélégué, pour son assistance à la démolition du nommé Menut dit Rochette, y ayant employé

voyage, séjour ou retour, quatre journées
à raison de 16 l. 64   »
                                    ———————
                          Total. 4480   2

———

Dumolard à Lenain.

A Tournon, le 20 mars 1746.

Monseigneur,

J'ay l'honneur de vous envoyer plusieurs états qui
m'ont été remis des différentes dépenses et fournitures,
qui ont été faites dans le lieu de Vernoux et en cette
ville, à l'occasion de la capture du nommé Majal, ministre. Je joins encore ici un certificat des habitants de
Vernoux, en faveur du sieur Afforty, dont un bois de
châtaigners, qui se trouve malheureusement pour lui à
portée dudit Vernoux, et qui a servi d'asile et de retraite aux religionnaires qui avaient entrepris d'enlever
ledit Majal, a été considérablement endommagé. Je
pense, Monseigneur, que vous jugerez à propos de faire
indemniser ce particulier qui est un très honnête homme
et qui, pendant les troubles arrivés à Vernoux, a efficacement travaillé pour la sûreté du lieu, en faisant
fournir des balles et de la poudre à ceux qui en manquaient, pour s'opposer à l'entreprise des séditieux.

Robert DUMOLARD.

Premier état. Pour le bois endommagé.. . .   383 l. »

Deuxième état. Poudre et plomb. 393 4

Troisième état. Chirurgien. . . . .   46 »

Quatrième état. Avis et Chandelles. . . . .   55 »

Total.   877 l. 4

III

COMPLAINTES

SUR LA MORT DE M. DEZUBAC, MINISTRE DU SAINT
ÉVANGILE EN LA PROVINCE DU VIVARAIS.

La première a paru dans le *Bulletin du protestantisme*,
t. XXV, p. 119 et 181. Les trois dernières sont inédites,
et tirées de différents recueils manuscrits du temps.

I

1

Chers protestants de France,
Venus pour écouter
La sévère sentence,
Qu'on vient de prononcer
Contre un de nos chers frères,
Dit Monsieur Dezubac,
Qu'une main meurtrière
Vendit à ses soldats.

2

Pourrions-nous vous dépeindre
Ce tableau plein d'horreur,

Sans pouvoir vous contraindre
A des torrents de pleurs ?
Hélas ! poussons nos plaintes ,
Levons nos yeux aux cieux ;
Que nos tristes complaintes
L'on entende en tous lieux.

3

Chère Eglise affligée ,
Abreuvée de fiel ,
Que ta voix élevée
Monte jusques au ciel ;
Demande par tes larmes ,
A ce Dieu, plein d'amour ,
Qu'Il t'aide, en tes alarmes ,
Par son divin secours.

4

Qu'Il prenne ta défense
Contre tes ennemis ,
Et réduise en silence
Tous ces fiers antéchrists.
Qu'Il apaise l'orage ,
Par sa compassion ,
De l'implacable rage
De la persécution.

5

Retournons donc, chers frères ,
Retournons à Zubac ,
Ce pasteur débonnaire
Qui pour son Dieu combat.

Poursuivons-en la trace
De ce grand serviteur ;
Dieu nous fasse la grâce
D'imiter son ardeur.

6

Commençons son histoire ;
Immortalisons-la ;
Au temple de mémoire ,
Tant que monde sera ,
On louera le zèle
De ce digne pasteur ,
Et son amour fidèle
Pour son divin Sauveur.

7

Zubac notre cher frère
Portait en Vivarais
Son très saint ministère
A des persécutés.
D'une ardeur exemplaire ,
Il traçait, à leurs yeux ,
Le chemin salutaire
Qui nous conduit aux cieux.

8

C'est là que les prières
De ce pasteur pieux ,
Comme nues légères ,
Montaient jusques aux cieux ,
Pour fléchir la colère
Et arrêter les coups

De notre divin Père
Irrité contre nous.

9

Dans cette circonstance,
Dans ce jour bienheureux,
Chacun en assurance
Suivait le Roi des cieux.
Les divines louanges,
Du grand Dieu, Roi des rois,
Comme les chœurs des anges,
Chantions à haute voix.

10

Mais par le noir caprice
D'un perfide Judas,
Surpassant en malice
Les plus fins scélérats,
Notre bonheur suprême
Fut changé en douleur,
Par son stratagème
Impie et plein d'horreur.

11

Ce monstre abominable,
Vomi par les enfers,
Possédé par le diable,
Cet insigne pervers,
Animé d'un faux zèle,
Livra notre Zubac
A la main criminelle
Du furieux soldat.

12

Ce martyr plein de zèle
Fut pris dans la maison
D'un protestant fidèle
Plein de dévotion ;
Lorsque d'un grand courage
Il partait de ces lieux,
Pour aller rendre hommage
Et prier le grand Dieu.

13

Il allait vers ses frères
Qui étaient assemblés,
Lorsque ces janissaires
Comme des acharnés,
Courent sus et blessèrent
Notre martyr au corps,
Sanglant le relevèrent,
Réduit presque à la mort.

14

Ces meurtriers pleins de rage,
Ces monstres inhumains,
Avec de grands cordages
Lui lient pieds et mains,
Et, sans tant d'hyperboles,
L'on commence à partir,
Lui disant ces paroles :
Monsieur, il faut mourir.

15

Zubac notre cher frère,
Entendant ces raisons,

Dit d'un air débonnaire,
Digne d'admiration :
Si Dieu veut que je meure
Et s'il l'a ordonné,
J'embrasse sans murmure
Sa sainte volonté.

16

Mon Sauveur et mon Père,
Si, dans ces tristes lieux,
Je souffre pour ta gloire
Des tourments rigoureux,
J'espère que ta grâce,
Après mes maux finis,
M'accordera la place
Dans ton saint paradis.

17

Si je suis au Calvaire,
Mon divin Rédempteur,
Ta grâce, ô divin Père,
Me rendra le vainqueur ;
Sur Satan et le monde
Mon cœur triomphera,
Car qui sur toi se fonde
Jamais ne périra.

18

En toi je me console,
Mon divin Protecteur ;
C'est ta ferme parole
Qui calme ma douleur ;

Mon cœur vers toi soupire,
Brûlant d'un saint amour,
Et mon âme désire
Ton glorieux séjour.

19

Ce pasteur vénérable
Ayant fini ces mots,
Ces monstres exécrables
Se mirent aussitôt
En marche, tout de suite,
Pour conduire à Tournon
Cet homme de mérite,
Dans l'affreuse prison.

20

Cependant les nouvelles
Vinrent de tous côtés
Le porter aux fidèles
Qui étaient assemblés ;
Chacun est aux alarmes ;
Tout est dans la terreur ;
Chacun verse des larmes
Sur son digne pasteur.

21

Chacun court au plus vite
Pour aller enlever
Cet homme de mérite
A ces tisons d'enfer.
L'on vient, tout s'entrechoque ;
Le ton change d'abord

En des coups réciproques,
Hélas! quel triste sort!

22

Le fer, le feu, la flamme
Volent de tous côtés;
De la cruelle lame
Plusieurs sont transpercés.
La terre est détrempée
Du ruisseau de leur sang,
Et la place jonchée
De morts ou de mourants.

23

C'est en vain qu'on s'anime,
Qu'on choque, qu'on combat,
Pour avoir la victime
De la main du soldat.
Cette troupe fidèle
Vit, avecque douleur,
Dans une citadelle
Renfermer son pasteur.

24

Ce malheur si sinistre
Vole de tous côtés,
Qu'on a pris un ministre
Dedans le Vivarais.
Mille voix trop fidèles
Viennent, incontinent,
Annoncer la nouvelle
A Monsieur l'Intendant.

25

Monsieur de Ladevèze
Ayant reçu l'exprès,
Monte dedans sa chaise,
Part pour le Vivarais;
Sous une bonne escorte
D'un ou deux bataillons,
Il se rend de la sorte
Dans le lieu de Tournon.

26

Tout est dans les alarmes
En voyant ce seigneur,
Tout craint le sort des armes
Des soldats en fureur.
Plusieurs dans la campagne
Cherchent à se cacher,
D'autres, par les montagnes,
Cherchent à s'évader.

27

Hélas! quelle misère!
Quelle désolation!
Assiste, ô divin Père,
Par ta compassion,
Ces pauvres créatures
Qui meurent chaque jour,
Faute de nourriture,
Ou faute de secours.

28

Sois, grand Dieu, leur asile,
Car c'est pour ton saint nom.

Pour ton saint Evangile,
Qu'ils sont dans l'affliction.
Nourris-les de ta grâce;
Soutiens-les par ton bras ;
Tourne sur eux ta face,
Dans leurs rudes combats.

29

Après avoir ces grâces
Demandé au Seigneur,
Tournons soudain la face
Vers notre bon pasteur.
Allons le voir encore
Dans son affreux cachot,
Qui supplie et implore
Le secours du Très-Haut.

30

Mais, avant moins d'une heure,
Ce seigneur fit venir
De la prison obscure
Notre illustre martyr.
Etant en sa présence
En ces mots lui parla :
Monsieur, en conscience,
N'êtes-vous pas Zubac ?

31

— N'êtes-vous pas ministre
Ou bien prédicateur?
De ce cas si sinistre
N'êtes-vous pas l'auteur ?

Pouvez-vous en conscience,
Sans nul ordre du roi,
Enseigner dans la France
Ou prêcher votre loi?

32

Notre glorieux prince
A proscrit pour jamais
De toutes ses provinces
La loi des Réformés.
Pourquoi faire violence?
Monsieur, vous avez tort,
Car, selon l'ordonnance,
Vous méritez la mort.

33

Zubac avec constance
Répond à ce seigneur :
Si j'ai prêché en France
La loi de mon Sauveur,
Les apôtres en Judée,
En Galilée épars,
Prêchaient, dans ces contrées,
En dépit de César.

34

L'on n'est jamais rebelle
Quand on fait, en tout lieu,
D'un cœur brûlant de zèle
La volonté de Dieu.
Peut-on, dans ces provinces,
Dites-moi, Monseigneur,

Pour obéir au prince,
Délaisser le Sauveur ?

35

Si par les ordonnances
J'ai mérité la mort,
Que la Toute-puissance
Décide de mon sort.
C'est à ce divin Père
Que j'élève mon cœur ;
En lui mon âme espère
D'une constante ardeur.

36

Aucun ne peut me nuire
Sans son pouvoir divin.
Tout est sous son empire ;
Mes jours sont en sa main.
Sans faire résistance,
Je suis prêt à partir ;
Prononcez ma sentence ;
Je suis prêt à mourir.

37

Ce langage héroïque
Etonna ce seigneur,
Qui lui dit, pour réplique :
Je suis fâché, Monsieur,
De vous voir de la sorte ;
Mais il faut sans tarder,
Sous une bonne escorte,
Partir pour Montpellier.

38

Ce généreux athlète
Fut aussitôt monté
Dessus une charrette,
Lié et garrotté.
L'on se met en campagne,
L'on marche incontinent
Par vallon et montagne,
A la pluie et au vent.

39

Dans cette conjoncture,
Le long de son chemin,
On lui dit mille injures
Par des traits inhumains.
Mais ce pasteur fidèle,
Imitant son Sauveur,
Prie d'un très grand zèle
Pour ses persécuteurs.

40

Après de longues peines,
L'illustre prisonnier,
Chargé de doubles chaînes,
Arrive à Montpellier.
Ce ministre fidèle
Fut enfermé sitôt,
Dedans la citadelle,
Dans un sombre cachot.

41

Pendant sa détenue
Au fort de Montpellier,

Il fut gardé à vue
Des soldats et archers.
Il reçut des visites
Des moines et curés,
Et autres hypocrites,
Jésuites et abbés.

42

Le prélat de la ville
Fut le voir en prison,
Et d'un ton fort civil
Lui dit cette raison :
Votre état, mon cher frère,
Me navre de douleur ;
Je plains votre misère
Du profond de mon cœur.

43

Je suis plus que sensible,
De cœur et d'affection,
A l'état si terrible
De votre affliction.
Je voudrais pouvoir être
Dans un rang élevé,
Pour, enfin, vous remettre
Dans votre liberté.

44

Mais je sais une route
Pour pouvoir vous sauver.
La chose est sans nul doute ;
Suivez-la sans tarder !

Faites-vous catholique,
Et faites, tout de bon,
Abjuration publique
De votre religion.

45

Je vous promets la vie,
En quittant votre loi,
Je vous le certifie,
Je vous donne ma foi.
Acceptez, mon cher frère,
Cette proposition ;
Sortez de la misère,
De la tribulation.

46

Notre martyr fidèle,
Notre illustre Zubac,
Lui répond d'un grand zèle :
Monseigneur le prélat,
J'ai l'âme pénétrée
De vos honnêtetés,
Des faveurs signalées
Que vous me témoignez.

47

Souffrez que je vous dise,
Dans mon dernier moment,
D'un cœur plein de franchise,
Sans nul déguisement,
Que je n'ai aucun doute
Sur ma religion.

Le Seigneur qui m'écoute
Sait mon intention.

48

Les biens de cette terre
Ne me tenteront pas ;
J'aime mieux ma misère
Que tous ses faux appas.
Si je suis dans la chaîne,
Dans ce terrestre lieu,
Je sais qu'après ma peine
J'irai avec mon Dieu.

49

Ma vie langoureuse,
Croyez-le, Monseigneur,
Ne m'est point précieuse ;
Je la perds de bon cœur.
Cette cause si bonne,
De mourir pour Jésus,
M'assure la couronne
Pour jamais dans les cieux.

50

Pour un si beau partage
Qu'il est doux de mourir !
Dans ce saint héritage
Qui pourra me ravir
Tous les trésors immenses,
Tous ces souverains biens,
Que Dieu, par sa clémence,
Donne à ceux qui sont siens ?

51

Je ne suis plus du monde;
J'en ai ôté mon cœur ;
Tout mon espoir se fonde
Sur mon divin Sauveur.
Enfin, je vous supplie,
Laissez-moi dans ce lieu
Faire, pendant ma vie,
Ma paix avec mon Dieu.

52

Sitôt à ces paroles
Le gracieux prélat
Prend congé et console
Notre martyr Zubac ;
Sort de la citadelle
Et va incontinent
Porter cette nouvelle
A Monsieur l'Intendant.

53

Le jour de son supplice
Etant donc arrivé,
Par un cruel caprice
Le sénat obstiné
Portèrent la sentence
Que Majal, convaincu
D'avoir prêché en France,
Devait être pendu.

54

La sentence donnée
L'on vit, incontinent,

Tout comme une nuée,
Monseigneur l'Intendant
Aller en diligence,
Avec ses officiers,
Prononcer la sentence
A notre prisonnier.

55

D'un cœur plein de constance,
Ce généreux pasteur
Entendit la sentence
Sans changer de couleur.
La lecture finie
Va vers monsieur Lenain,
Et d'une âme ravie,
Il lui baise les mains.

56

L'intendant de province
Lui dit tout contristé :
— C'est les ordres du prince
Qui vous ont condamné.
J'ai l'âme pénétrée,
Monsieur, de votre mort ;
Je plains, chose assurée,
Votre funeste sort.

57

— Mon sort n'est point à plaindre,
Il est à désirer.
Je n'ai plus rien à craindre,
Car Dieu est mon Berger.

C'est mon fort, ma défense,
Qu'aurais-je à redouter ?
C'est ma ferme espérance,
Mon unique Rocher.

58

Mon âme, prends courage,
Car c'est, dès aujourd'hui,
Que tu sors d'esclavage
Pour t'en aller vers lui ;
Tu vas être ravie,
Dans ce charmant séjour,
D'ouïr la symphonie
De la céleste cour.

59

Avecque les saints anges
Se joindra ton concert,
Pour chanter les louanges
Du Roi de l'univers.
Dans la gloire éternelle,
La robe tu prendras
De couleur immortelle,
Après tous tes combats.

60

Allons en diligence,
Mon cœur, en ce moment,
Revêtu de constance,
Embrasser le tourment.
Allons avecque zèle,
D'un regard gracieux,

Monter sur cette échelle
Qui nous conduit aux cieux.

61

Il part pour le supplice,
Escorté, alentour,
D'archers de la justice,
De quatorze tambours,
Qui, jusqu'à la potence,
Battent incessamment,
Pour vaincre sa constance
Et étourdir ses sens.

62

Etant à la potence,
Ce martyr généreux
Implore l'assistance
Du monarque des cieux ;
D'un courage héroïque,
Sur l'échelle il monta ;
Vers la troupe angélique
Son âme s'envola.

63

Ainsi finit sa course
Ce généreux pasteur,
Pour aller à la source
Du céleste bonheur !
Que son sort est aimable !
Son état glorieux !
Sa joie incomparable,
Dans cet auguste lieu !

64

Faisons cesser nos plaintes,
Fidèles protestants,
Nos sanglots, nos complaintes,
Et nos regrets cuisants.
Zubac n'est plus à plaindre,
Il est hors de danger;
Il n'a plus rien à craindre,
Ni rien à désirer.

65

Chérissons sa mémoire,
Imitons son ardeur;
Suivons-le dans la gloire,
De l'esprit et du cœur.
Que si Dieu nous appelle
Aux tourments rigoureux,
Imitons ce fidèle,
Et nous serons heureux.

Achevé sous les yeux de Dieu, le 28 mars 1746.
Loué soit l'Eternel dès maintenant à jamais. Amen!

––––––––

M. Ferdinand Teissier, d'Aulas, nous a envoyé une autre copie de cette complainte qui renferme plusieurs variantes et une strophe de plus que la précédente:

Louons ce vrai fidèle,
De la bouche et du cœur.

Imitons tous le zèle
De ce digne pasteur.
Confessons l'Evangile,
Nous aurons, sans mentir,
Dans le ciel un asile,
Comme ce grand martyr.

II

1

Chantons ici l'histoire
De Monsieur Desubas,
Venant dans les Montagnes,
Faisant son tour, hélas !
En chemin il rencontre
La source de son mal,
Ce traître, ce perfide,
Ce Chevalier Judas.

2

Ce vendeur, cet infâme,
D'abord lui demanda :
Dites-moi donc, de grâce,
Où l'on s'assemblera ?
Peut-être dans Sayères
Ou, à ce que j'en crois,
Au proche de Larcisse
Ou pas bien loin de là ?

3

Sur le moment se quittent ;
Même, sans s'arrêter,
Va loger tout de suite
Dans le lieu du Mazel,
Village fort commode
Et très bien situé,
Au proche de Larcisse
Où il devait prêcher.

4

A onze ou à douze heures
Du samedi au soir
Arrive cet infâme,
Ce Chevalier Judas,
Qui conduisait la troupe,
La troupe de soldats ;
Entrèrent tout de suite,
Ne les entendant pas.

5

Ils montent dans la chambre
Où il était couché.
L'officier lui demande :
Dites-moi donc, Monsieur,
Etes-vous le ministre
Des chrétiens réformés?
Prêchez-vous l'Evangile
Dedans le Vivarais ?

6

Oui, je suis un ministre,
Monsieur, je vous le dis ;

J'annonce l'Evangile
Du Seigneur Jésus-Christ.
Si ce grand Dieu m'appelle,
Je lui veux obéir
Et souffrir la mort même,
Pour le nom de son Fils.

7

Au milieu de ma course,
Grand Dieu, vous m'appelez
A boire le calice
Que vous me préparez.
C'est mon destin, sans doute,
Et votre volonté.
O Sauveur de mon âme,
Pardonnez mes péchés.

8

Ils prirent tout de suite
Rochette avecque lui.
Au bourg de Saint-Agrève
Tous les deux sont conduits.
La chose pitoyable,
Et à pleurer toujours,
De voir ces tourterelles
Au milieu des vautours !

9

Les soldats qui les prirent
Les menèrent plus bas.
En route ils rencontrèrent
D'amis de Desubas.

Dès qu'ils les aperçurent :
Grand Dieu, que ferons-nous?
On emmène ces hommes
Privés de tout secours.

10

L'amour et la tendresse
Qui pénétraient leur cœur,
La charité sincère
Pour leur digne pasteur,
Ces sentiments, sans doute,
Leur faisaient oublier
Le danger infaillible
Où ils s'allaient exposer.

11

Ils marchent à leur suite
Et ne les quittent pas :
Rendez-nous tout de suite,
Ah! messieurs, ces gens-là!
Les soldats leur répondent :
Allez, retirez-vous!
Autrement notre rage
Se déploiera sur vous.

12

Ils se disent : Courage,
Continuons toujours!
Plutôt perdre la vie
Que si nous les quittons.
Le commandant s'écrie :
— Soldats, tirez dessus,

Car, s'ils avaient main-forte,
Nous serions tous perdus !

13

La chose s'exécute
Et, malheureusement,
Il reste sur la place
Cinq de ces pauvres gens.
Les blessés prennent fuite
Dans ce fâcheux état,
Où leur sang de leurs plaies
Coulait de toutes parts.

14

A cette heure-là même,
Et dans ce même jour,
Se tenait l'assemblée
Au proche de Vernoux.
Dès que ces gens apprirent
Ce triste événement,
Ils coururent en foule,
Avec empressement.

15

Marchèrent tous ensemble,
D'un pas bien diligent,
Hommes, femmes et filles
Et les petits enfants.
Ces agneaux, ces colombes,
Qu'on allait massacrer,
N'avaient pas d'autres armes
Que les larmes aux yeux.

16

Les bourgeois du village
Leur vinrent au-devant,
Leur tenant ce langage :
— Arrêtez, mes enfants !
Alors tous s'écrièrent,
D'une commune voix :
— Oh ! rendez-nous, de grâce,
Rendez-nous ces gens-là !

17

— Ah ! donnez-nous une heure,
Répond le commandant,
Nous vous rendrons ces hommes
Que vous réclamez tant.
On voyait que la haine,
Et le déguisement,
Animaient ces infâmes
A égorger ces gens.

18

Hélas ! la fatale heure,
Et le fatal moment,
Où ces hommes barbares
S'armèrent jusqu'aux dents !
Ces fameuses vipères,
Ces furieux d'enfer,
Tuèrent les fidèles ,
N'ayant point de regret.

19

La grande boucherie
Qu'on fit en ce moment,

Tuant femmes enceintes
Et les petits enfants;
Et la blanche vieillesse
Fut pas même épargnée.
Grand Dieu, quelle détresse
Etait dedans ces lieux!

20

On vit couler les larmes
En grande affliction,
Avec des cris énormes
Poussés en même temps :
Fais-nous miséricorde,
O grand Dieu tout-puissant,
Reçois nos chères âmes,
Pardonne à ces méchants.

21

Les blessés pitoyables,
En poussant des sanglots,
Crièrent sans relâche :
— Achevez-nous, bourreaux.
Ah! finissez nos vies,
Sans nous faire languir.
Abrégez nos misères
Et ôtez-nous d'ici.

22

Cinq de ces pauvres hommes,
De ces pauvres blessés,
S'enfuirent comme ils purent
Pour se faire panser.

Cela est vrai, sans doute,
Croyant ne craindre rien,
Allèrent tous ensemble
Trouver un chirurgien.

23

Mais ces grands sanguinaires,
Ces bourgeois enragés,
Dans cette triste affaire
S'en vinrent les trouver.
Les taillèrent en pièces,
En cent mille morceaux.
Hélas! le grand martyre!
Quels sinistres bourreaux!

24

Les blessés tout de suite
Furent tous dépouillés,
Et dans la nuit souffrirent
Les injures de l'air.
Leur nudité sans doute
Devait leur faire horreur,
Et devait faire honte
A leur chère pudeur.

25

Qu'a-t-on fait à Sodome?
Qu'a-t-on fait plus qu'à eux,
Voulant tuer les anges
Que Lot avait logés?
Ils sont bien plus coupables,
Ils sont bien plus cruels.

N'ont pas pensé l'affaire,
Mais l'ont exécutée.

26

Dedans ce temps arrive
Monsieur de Châteauneuf.
Il est bien vrai, sans doute,
Qu'il n'était pas tout seul.
Il avait à sa suite
Soldats et cavaliers,
Pour conduire ces hommes
Et notre cher pasteur.

27

A Tournon, gens d'église,
Et d'ordres différents,
Lui rendirent visite
A son avènement.
— Etes-vous donc ministre
Pour enseigner ces gens,
Malgré les ordonnances
Du roi Louis le Grand?

28

— Le Seigneur nous commande
Que, si nous ne prêchons,
De cette auguste affaire!
Les pierres parleront.
C'est ce qui nous enseigne
D'annoncer en tous lieux
La loi de notre Père,
Qui est le Roi des cieux.

29

Mais, sitôt qu'ils ouïrent
Cet homme sans pareil,
Tout rempli de sagesse
Et de grande douceur :
— Changez donc de croyance,
Ah ! Monsieur Desubas,
Vous serez notre frère,
Nous vous ferons prélat.

30

— Ah ! messieurs, je vous prie,
Ne me forcez pas là.
Par toutes vos promesses,
Je ne changerai pas.
Je vous en remercie
De votre charité;
Je veux rester fidèle
A Jésus mon Sauveur.

31

Les ordres arrivèrent,
Et même par exprès,
Qu'il s'en fallait conduire
Ces gens à Montpellier.
Sur de grandes charrettes
Les attachèrent là.
Ils versèrent des larmes
Sur leur triste départ.

32

— Adieu, mes très chers frères;
Adieu, mes chers amis;

Adieu, ceux des montagnes
Et ceux du bas pays.
Je quitte cette terre ;
Je m'en vais dans le ciel,
Pour jouir de la gloire,
Au séjour éternel.

33

A la grande journée
De la résurrection,
Ce sera-là, mes frères,
Que nous nous reverrons.
Nous porterons des palmes,
Des lauriers en nos mains,
Marques de la victoire,
Emblèmes des vainqueurs.

34

Rochette m'accompagne ;
On va nous séparer,
En entrant dans la ville,
Ville de Montpellier.
Ah ! mon heure s'approche
De signer de mon sang
L'Evangile de grâce,
Qu'au peuple j'ai prêché.

35

Eternel, je te prie,
Fais que j'aille m'asseoir
Au trône de ta grâce
Et de ta charité.

Lave nos chères âmes,
Efface nos péchés,
Au sang du sacrifice
Que Jésus a souffert.

III

1

Les protestants du Vivarais
Sont encore tout atterrés
De la perte d'un ministre,
Nommé monsieur Desubas.
Ce lamentable sinistre
Eut lieu tout près de Privas.

2

Le peuple était assemblé
Par un zèle redoublé;
Mais sa peine est inutile.
Il revient plein d'affliction.
Le pasteur de l'Evangile
Ne fera plus de fonction.

3

Il leur dit, en les quittant :
— Adieu, vous que j'aime tant.
Ne cessez jamais de croire
Ce que je prêchais en ces lieux.
Vous jouirez de la victoire
Que Dieu promet dans les cieux.

4

Adieu, le haut Vivarais !
Je te quitte sans regrets
Privé de mon ministère
Par des décrets odieux,
Je quitterai cette terre
Pour le royaume des cieux.

5

On ne l'a pas plutôt pris
Qu'on le mène au Saint-Esprit,
Où les ecclésiastiques,
Accourus tous à la fois,
L'ouïrent et, sans réplique,
Rendre compte de sa foi.

6

On lui demanda depuis quand
Il s'était fait prédicant.
S'il s'était permis, en France,
D'exercer ses fonctions,
S'il a prêché sa croyance
Aux gens de sa religion.

7

— Avant d'en être empêché,
Oui, j'ai plusieurs fois prêché,
Instruit des catéchumènes,
Les révoltes apaisé,
Célébré la sainte Cène,
Baptisé comme épousé.

8

Ces Messieurs, en le quittant,
Se montrèrent tout contents.
Loin de lui chercher querelle
Ils dirent, d'un air joyeux:
C'est un ministre fidèle,
Un bon serviteur de Dieu.

9

A Nîmes on l'emmena ;
De suite on l'emprisonna.
Et, tourmenté par la crainte,
Qu'il ne pût être enlevé,
Pour le mettre hors d'atteinte
D'un grand peuple soulevé,

10

On manda de toutes parts
Les dragons et les soldats,
Qui vinrent en grand furie,
Ayant le sabre à la main,
Protéger la barbarie
Du sanglant culte romain.

11

Quand du fort il descendait,
Un grand peuple l'attendait.
Les chrétiens de cette ville
Eprouvèrent un frisson,
Voyant ce martyr tranquille
Qui sortait de la prison.

12

Un char était apprêté
Pour le mettre en sûreté,
Et pour porter le prophète.
Les soldats, comme au combat,
Pour éviter la défaite
Avaient l'arme entre les bras.

13

Tout le peuple, à son départ,
Le suivit hors des remparts,
Versant d'abondantes larmes
Pour ce jeune prisonnier,
Qu'environnent les alarmes
Jusqu'à son moment dernier.

14

Ceux qui trop près s'avançaient
Les soldats les repoussaient,
Les poussant avec rudesse,
Leur disant même tout haut :
— C'est monsieur votre ministre,
L'évêque des huguenots.

15

Le ministre rassuré
Salue le peuple éploré ;
Et, d'une face riante,
Regardant de tous côtés :
— Adieu, ville gémissante,
Je te quitte pour jamais.

16

Dès qu'il fut à Montpellier,
L'Intendant, sans sourciller,
Devant lui le fait paraître
Pour pouvoir, avec succès,
Bien plus promptement se mettre
A lui faire son procès.

17

Alors Monsieur l'Intendant
Lui demande, au même instant,
S'il est de ces hérétiques
Qui prêchent, dans les déserts,
A ces nouveaux catholiques,
Malgré des périls divers.

18

Il répondit, humblement,
Qu'il avait, modestement,
Prêché le saint Evangile
Dans les bois et dans les champs,
Au peuple pauvre et docile
Qu'on appelle protestant.

IV

1

Mes frères, écoutez la noire trahison
Qui vient d'être arrivée à ce pauvre garçon.

C'est Monsieur Desubas à qui, par perfidie,
Pour avoir prié Dieu on a ôté la vie.

2

Monsieur Zubas fut pris en sortant de son lit.
Fut pris et emmené, à Montpellier conduit.
Mais il n'était pas seul. Il y a bien des fidèles
Qui sont, depuis longtemps, dedans la citadelle !

3

Mais, quand il fut entré dans la noire prison,
Il se mit à genoux, faisant son oraison.
Et, dans toutes ses peines, s'est remis au grand Dieu,
Au Père de lumière qui le voit dans ce lieu.

4

Les geôliers sont entrés dans sa noire prison,
Annoncer la nouvelle à ce jeune garçon :
—Ah ! qu'il m'est très fâcheux, Monsieur, de vous le dire,
Devez mourir demain, je viens vous en instruire.

5

— Oh ! la bonne nouvelle, Monsieur, que m'annoncez !
Voilà mon justaucorps, mes boutons et mes boucles.
Je vas vous les donner et vous les garderez ;
Mieux vaut que les ayez que le bourreau sans doute.

6

Le bourreau est entré dans la noire prison,
A mis la corde au cou à ce jeune garçon.
Mais ils l'ont fait passer entre les Jésuites ;
Il lui ont dit : — Monsieur, ne marchez pas si vite.

7

— Oh ! je m'arrêterai, Messieurs, si vous voulez ;
Que, pour prendre la mort, je suis tout préparé.
Je vois les cieux ouverts, je vois venir les anges.
Je m'en remets à Dieu de ma juste vengeance.

8

Mais, quand il fut monté au quatrième degré,
Ils l'ont fait redescendre, afin de voir brûler
Ses livres et sa robe ; à crier il s'est mis :
— Hélas ! grand Dieu, quel crime avais-je donc commis ?

.   .   .   .

IV

REQUÊTE DES PROTESTANTS DU VIVARAIS A LOUIS XV

(1756)

(*Tirée des papiers Chalamet.*)

La pièce suivante, due à la plume du pasteur Peirot, est une des nombreuses suppliques que les protestants ne cessèrent d'adresser à Versailles, durant tout le cours du dix-huitième siècle. Rarement, nous semble-t-il, leurs plaintes s'exprimèrent avec autant d'énergie et d'éloquence. Ce document inédit prouve que, dix ans après le supplice de Desubas, la situation des protestants du Vivarais ne s'était guère améliorée et que la persécution continuait à sévir avec force contre cette malheureuse province.

« Sire,

» Les protestants de votre province du Vivarais prennent la liberté de se présenter respectueusement aux pieds de votre thrône, atirés par cette bonté et cette sagesse qui vous rendent si cher à tous vos peuples, pour exposer à vos yeux le tableau sincère de leur triste situation.

» Notre état, Sire, est des plus déplorables. Nous souffrons, depuis plus de soixante et dix ans, toutes les rigueurs de la persécution la plus cruelle, sans voir d'adoucissement à nos maux. Au contraire, nous ne voions devant nous qu'un avenir encore plus effrayant, qu'un enchainement de malheurs entrevus et sans nombre, si votre sagesse ne les prévient, et cela sans jamais avoir donné lieu à tant de mauvais traitemens.

» Notre conduite, sire, a toujours été des plus respectueuses et des plus soumises. Pénétrés de la plus vive affection pour votre personne sacrée, fortement persuadés des principes de notre sainte religion qui tendent tous à nous convaincre de la fidélité inviolable que nous vous devons, notre soumission à vos ordres, notre zèle pour votre service ne se sont jamais démentis. Et ces sentiments sont d'autant plus profondément gravés dans nos cœurs, que nous sommes mieux instruits de notre sainte religion et mieux à portée d'en pénétrer l'esprit et les maximes. Aussi, Sire, jamais notre conduite n'a été équivoque. Nous pourrions en citer plusieurs traits ; nous nous bornerons aux suivants :

» Lorsque les Autrichiens passèrent le Var, soutenus par les Anglois, nous fûmes des premiers à offrir nos services, nos biens et nos vies pour les repousser.

» Dès la publication du vingtième, lorsque cet impôt trouva quelque oposition de la part des évêques de la province, nous députâmes promptement à M. Lenain pour l'assurer de notre soumission et de notre exactitude à faire nos déclarations et à payer cet impôt que Votre Majesté avait jugé à propos d'établir.

» Les levées des milices ne se font, nulle part, avec plus de soumission et d'obéissance que dans les lieux où nous sommes des plus nombreux. Les subdélégués en ont souvent fait la remarque et rendu un témoignage favorable à notre dévouement à vos ordres.

» Cependant, Sire, des ennemis de notre religion, et nous pouvons dire aussi du bonheur de votre royaume, animés d'un zèle intéressé, amer, mal entendu, que la charité évangélique n'avoue jamais, ne cessent de nous susciter la persécution la plus cruelle, la plus acharnée, la plus multipliée dans les détails qu'il soit possible d'imaginer, sous le prétexte spécieux que le culte que nous rendons à Dieu est différent du leur. Se persuadant que Votre Majesté aprouve la violence qu'on veut faire à nos consciences et les vexations dont on nous accable, ils osent présenter les excès que leur faux zèle leur inspire comme un sacrifice fait à la religion qu'ils méconnaissent et qu'ils avilissent par un acharnement dont l'inutilité aurait, depuis longtemps, dû les détourner. Tous les jours ils forment de nouveaux complots pour notre ruine et tachent d'engager le plus qu'ils peuvent des gens en place dans leurs desseins pernicieux.

» Nous pourrions en citer plusieurs exemples ; nous nous bornons aux suivants : Il n'y a pas longtemps que le curé d'une paroisse de la campagne, aidé et encouragé par une cabale de gens acharnés à notre perte, s'avisa de mettre le feu à son église (1), de profaner ce

---

(1) Allusion à l'incendie de l'église de Boffres. Voir plus haut, p. 177 et suiv.

lieu si respectable de la façon la plus odieuse, foulant aux pieds les hosties, les vases sacrés, déchirant les ornements, les livres, les images pour nous accuser de toutes ces profanations et nous atirer les justes et sévères punitions qu'elles méritaient. Toutes les mesures étaient si bien concertées et toutes si bien soutenues, qu'on ne peut ne pas reconnaître le doigt de la divine providence dans la découverte de cette affreuse conspiration qui semblait d'abord devoir nous être si funeste. Cet indigne prêtre fut quelque temps après arresté par vos ordres et conduit au fort de Brescou ; mais ses protecteurs l'en ont bientôt tiré, sans aucune autre punition ni pour lui ni pour ses complices, quoique très convaincus de toutes ces horreurs. Une telle impunité, des protections si pernicieuses sont bien propres à exciter d'autres méchants à ourdir de pareilles trames.

» Depuis quelque temps, Sire, à la sollicitation de nos ennemis, le officiers du régiment de ***, en cartier dans ce païs, se rendent, à la tête de leurs troupes, dans les dézerts et dans les bois où nous nous assemblons pour prier Dieu. Nous nous retirons toujours de devant eux et nous avons l'attention de nous séparer à leur aproche, quoique nous soions occupés à la prière et à la célébration des sacrements que notre Seigneur Jésus-Christ a institués.

» Quel contraste, Sire ! Comment ose-t-on ainsi abuser de votre autorité ? Nous nous assemblons pour prier Dieu. Nous commençons et nous finissons nos prières par demander ardemment à Dieu ses bénédictions les plus précieuses pour votre personne sacrée, pour la famille royale, pour le bonheur de votre royaume. Nous nous instruisons de nos devoirs, nous nous formons à la vertu, à la piété ; nous nous efforçons de réunir en nous tous les traits qui caractérisent les vrais chrétiens, les bons citoiens, les fidèles sujets ; et c'est au milieu de ces saints et utiles exercices que l'on vient nous troubler ; on nous chasse comme des perturbateurs du repos public, des séditieux, des scélérats. Nous sommes condamnés à de grosses amendes. Si quelqu'un de nous est arresté, il est condamné aux galères perpétuelles. Si nous passions le jour du Seigneur dans la joie, dans la dissipation, dans la débauche, nos ennemis n'auraient rien à nous dire ; ils nous trouveraient, sans doute, dignes de tout leur suport.

» Il y a plus : il est clair que nos ennemis ne cherchent que de nous pousser à bout. Ils ne demandent pas mieux que de trouver un prétexte pour nous écraser avec quelque ombre de justice. On voudrait nous forcer à manquer à ce que nous devons à vos troupes et à ceux qui les commandent, pour nous faire punir comme des rebelles. Ne trouvant point de crimes en nous, ils en cherchent du moins les apparences. Mais ils auront beau faire, ils n'auront point la joie maligne d'insulter à nos malheurs après les avoir causés. Notre conduite soumise, prudente, respectueuse, ne se démentira jamais et tiendra contre tous les artifices. Jamais on n'entendra parler d'aucune démarche de notre part qui soit le moins du monde répréhensible. Si, contre notre intention, il arrivait que quelques imprudents ou quelques méchants, séduits par nos ennemis, agissaient d'une façon contraire à nos sentiments, nous les désavouons et nous sommes les premiers à demander leur punition.

» Il nous paraît que tous ceux qui sont proposés pour gouverner la province, auprès desquels nos ennemis ne trouvent que trop souvent de l'apui, ne nous connaissent pas ou affectent de nous méconnaître. Nous sommes, nous serons toujours, Sire, les sujets les plus fidèles, les plus zélés, les plus dévoués que Votre Majesté ait dans son royaume. Mais, autant que nous sommes soumis avec respect à votre authorité, atachés à votre personne sacrée, autant nous le sommes à notre sainte religion et aux lois prescrites par Dieu même ; et nous souffrirons mille morts, dans les prisons, sur les galères, par les mains des boureaux, plutôt que d'abandonner notre religion et le culte qu'elle nous ordonne de rendre à Dieu, que nous ne pouvons lui refuser sans nous rendre coupables des plus grands crimes. Jamais la politique ni la crainte n'usurperont sur nous les droits de la conscience. Nous craindrions même de manquer à la confiance, que nous devons avoir en votre équité, de penser autrement. Nous craindrions de vous offenser si nous avions la lâcheté de faire dépendre notre atachement pour le service de Dieu de la volonté des hommes. Vouloir empêcher nos assemblées, dont nous n'avons jamais manqué, malgré la persécution la plus cruelle, pendant soixante et dix ans, c'est vouloir notre destruction et la perte de cette province. Qu'on ne s'obstine plus à vouloir faire passer nos assemblées, qui ne sont et ne seront jamais que religieuses, comme dangereuses à l'Etat. Nous défions nos ennemis d'indiquer le moindre mal qu'elles aient causé et nous sommes prêts d'indiquer les maux sans nombre que le défaut de culte entraîne nécessairement.

» Dans un gouvernement aussi sage que le vôtre, Sire, les peines sont toujours proportionnées aux crimes. Quelle proportion, hélas ! peut-on trouver de nos démarches innocentes à un supplice affreux qui les suit inévitablement ? Si quelqu'un de nos pasteurs (1) est arresté, il est condamné tout de suite à la mort. La maison qui lui a servi de retraite est rasée, le propriétaire conduit aux galères perpétuelles, les femmes enfermées pour le reste de leurs jours, tous les biens confisqués. Quelle proportion du prétendu crime à la terrible punition ! La postérité pourra t-elle croire que dans un siècle si éclairé, où la raison semble rentrer dans tous ses droits, sous un règne si glorieux, si bien policé, l'humanité, l'hospitalité toujours si respectée chez tous les peuples, nous atirent les malheurs les plus funestes ? La tête de nos pasteurs est à prix et il ne faut pas moins que la protection toute visible de la divine providence, pour les conserver des vingt, des trente ans parmi nous.

» Que ne pouvons-nous, Sire, représenter à vos yeux le spectacle touchant et en même tems bien singulier, d'une troupe de femmes enfermées pour le reste de leurs jours dans une affreuse prison, où quelques-unes ont croupi des trente années de suite, où l'on les laisse périr de misère, cela pour avoir été trouvées occupées à prier Dieu ! On associe au suplice des scélérats, on traîne sur les galères, on charge de chaînes, sans distinction d'âge ni de condition, plusieurs de nos frères ; on les y laisse gémir dans le besoin de toutes choses, livrés à la férocité des comites. Quelle rigueur, Sire ! quel contraste ne forme-t-elle point avec la douceur de votre gouvernement ! Comment se peut-il que, sous le

(1) Ici se trouvent effacés dans le brouillon ces mots : « de ces hommes pieux dont le monde n'est pas digne. »

meilleur des rois, des hommes faibles, innocents et ver-
tueux, soient livrés aux supplices destinés aux plus
grands scélérats ?

» Mais il est un autre objet qui nous pénètre de la plus
vive douleur. Il ne nous est pas particulier, il nous est
aussi commun avec toutes vos provinces. Tout le
royaume partage nos alarmes et gémit en secret d'un
mal qu'on s'obstine à vous cacher et qui est plus grand
que l'on ne pense. Cette province, Sire, est remplie de
mariages, de baptêmes que les lois méconnaissent. Cet
objet est pour nous une source abondante de larmes et
de sanglots ; il est digne de toute votre attention. Nos
femmes sont traitées de concubines. Pour éviter cette
ignominie, il ne nous reste plus qu'à vivre dans un cé-
libat forcé, si préjudiciable au bien de l'Etat. Nos enfants, qu'on s'obstine à regarder comme bâtards, ne
peuvent nous succéder, ce qui est l'origine d'une foule
de procès et la ruine de cette province. Ce mal, qui est
général, demande un prompt remède. Les délais sont
dangereux ; ils n'ofrent de toutes parts que le spectacle
efrayant de citoiens méconnus et chassés, de familles
ruinées, de jugements injustes, de patrimoines envahis
par des usurpateurs, d'enfants sans éducation, de fidelles
sujets privés de leurs biens et réduits à la misère et à
tous les maux qui la suivent.

» Et si Votre Majesté ne prévient tous ces malheurs,
ce qui lui est très aisé en donnant un état à nos pauvres
enfants, il faudra bien, hélas ! que ces chères parties de
nous-mêmes en aillent chercher un dans d'autres cli-
mats. Cet avenir est, pour nous, le sujet le plus amer et
le plus douloureux de nos craintes, de nos alarmes, de
nos gémissements. Il nous jèterait dans le décourage-

ment et même dans le désespoir si nous n'espérions en votre bonté, en votre sagesse et en votre justice.

» En prenant très respectueusement la liberté, sire, de présenter en gémissant aux pieds de votre thrône l'exposé sincère de nos sentiments et de nos malheurs, nous ne craignons point de déplaire à Votre Majesté. Vous êtes, sur la terre, l'image de Dieu même. Il invite les hommes à recourir à ses bontés, il leur ordonne de s'adresser à lui, il les exauce, il les comble de ses grâces les plus précieuses. Vous êtes le père de vos peuples. Dieu vous les a donnés pour faire leur bonheur. Plus nous sommes malheureux, plus nous avons droit à vos compassions et à vos soins paternels ; et c'est avec confiance que nous les réclamons. Vos sentiments généreux et bienfaisants et la grandeur de votre cœur, qui vous rendent si cher à toute l'Europe, autorisent nos demandes et nous en promettent le succès. N'écoutés, Sire, que la bonté de votre cœur ; laissés vous toucher, laissés vous attendrir à nos pleurs. Daignés, nous vous en suplions, nous vous en conjurons par tout ce qu'il y a de plus cher et de plus tendre, daignés prendre en considération de si grands objets. Assurés notre état et celui de nos pauvres enfants. Accordés-nous la grâce de pouvoir en sécurité, nous et nos familles, passer dans vos Etats, dans notre patrie, dans nos biens, cette vie que nous voudrions employer à votre service ; de pouvoir y servir Dieu sans qu'on nous en fasse un crime, occupés au moins à la culture de nos terres et au commerce, seules ressources que nos ennemis n'ont pu nous ravir. Accordés la liberté à ceux qui soufrent pour la religion et, par une de ces loix sages, qui émanent de votre auguste thrône, fixés notre état.

Prescrivés-nous la manière dont vous voulez que nous rendions nos homages au suprême créateur de toutes choses. En nous accordant cette grâce , vous comblés les vœux de vos peuples ; vous ne nuisez à personne et vous faites trois millions d'heureux et vous augmentez d'autant les forces de votre Etat et nous ne cesserons jamais, nous et nos enfants, de prier Celui par qui les rois règnent, de vous accorder ses bénédictions les plus précieuses, et à toute la famille royale. Ce sont les vœux ardents de vos fidèles sujets, les protestants du Vivarais. »

« Ce 30 juin 1756.

» *Pour Monsieur Vernet* (1)

» Monsieur et cher frère,

» Je vous envoie, comme il avait été conclu, la requête au roy et la lettre que nous voulons écrire au commandant. Vous aurés la bonté de copier ces deux pièces le mieux que vous pourrés, en beau papier ; et lorsque vous aurés fait une copie, il vous faut, s'il vous plaît, rendre là où nous nous vîmes en dernier lieu, et faire demander l'honnête homme qui nous y rendit visite,

(1) Pasteur du Vivarais, consacré au saint ministère le 25 octobre 1752, par Peirot, en même temps qu'Alexandre Ranc, le frère du martyr.

parce qu'il veut voir ces pièces avant qu'elles partent. Et quand même vous n'auriez pas fait cette copie, vous pourriés vous rendre audit endroit et vous la feriés là. J'ai même peur que vous aïés de peine à lire exactement mon écriture. Il vous faut, s'il vous plaît, diligenter ; les choses pressent.

» J'aurois été charmé d'être aussi avec vous lorsque vous ferés partir ces dépêches ; mais je crains de n'avoir pas cet avantage.

» Les soldats vinrent dimanche à l'assemblée que je faisois en montagne ; mais ils ne firent point de mal.

» J'ai l'honneur d'être, très afectueusement, monsieur, votre très humble et très obéissant serviteur,

» P[EIROT]. »

FIN DES PIÈCES JUSTIFICATIVES.

TABLE DES MATIÈRES

CHAPITRE PREMIER.

PREMIÈRES ÉTUDES.

CHAPITRE II.

DESUBAS PRÉDICATEUR.

CHAPITRE III.

SÉJOUR A LAUSANNE.

CHAPITRE IV.

MISSION EN LANGUEDOC.

CHAPITRE V.

LE SYNODE NATIONAL.

CHAPITRE XI.

LE PROCÈS.

CHAPITRE XII.

NOVISSIMA VERBA.

CHAPITRE XIII.

LE DERNIER JOUR

CHAPITRE XIV.

LE LENDEMAIN DU MARTYRE.

FIN DE LA TABLE DES MATIÈRES.

EXTRAIT DU CATALOGUE

DE LA

SOCIÉTÉ DES LIVRES RELIGIEUX

DE TOULOUSE

Un martyr du Désert, Jacques Roger, restaurateur
du protestantisme dans le Dauphiné, au dix-huitième siècle, et ses compagnons d'œuvre (1675-17
45), par Daniel Benoît, pasteur. 1 vol. in-12 de 276
pages.   1 25

Edouard Payson, vie et lettres. In-12 de 195 pages.
                                                            1 »

Louis Hofacker. Une vie de foi, par Gustave Roux,
1 vol. in-12 de 236 pages.   1 20

Mémoires de Samuel de Pechels. Montauban, 1685,
— Dublin, 1692, publié sur la première traduction anglaise, avec des notes et des éclaircisse-
ments, par Raoul de Cazenove. 1 vol. in-12 de 81
pages.   » 40

Le Réformateur, de la France et de Genéve, Jean Calvin, sa famille, son caractère, sa conversion, sa mission, ses travaux, son influence, l'étendue de son œuvre et son époque, sa postérité spirituelle, appréciation d'après ses ouvrages, les meilleurs documents et d'importantes publications, par Goguel, pasteur, avec le portrait de J. Calvin. 2e édition. 1 vol. in-12 de 391 pages.   1 50

Vie d'Oberlin, pasteur au Ban-de-la-Roche, 4e édit. 1 vol. in-12 de 194 pages, avec le portrait de ce serviteur de Dieu.   » 75

Vie de Félix Neff, pasteur dans les Hautes-Alpes, 4e édit. 1 vol. in-12 de 120 pages.   » 75

Vie de Henry Pyt, ministre de la Parole de Dieu, par E. Guers. 1 vol in-12 de 388 pages.   2 »

Vies de Latimer, Baxter et Whitefield, ou l'évêque, le pasteur et le prédicateur, par J.-C. Ryle. Broch. in-18 de 270 pages.   » 80

Vie de Rodolphe de Rodt. V. D. M., ancien missionnaire de la Société des Missions de Londres dans l'Inde, écrite par le docteur Charles-Guillaume Bouterwek, directeur du gymnase d'Elberfeld, traduite de l'allemand et augmentée par L.-R. 1 vol. in-18 de 284 pages.   » 75

Vie de John Williams, le missionnaire de Polynésie, traduite librement de l'ouvrage anglais de M. Ebenezer Prout. 2e édit. 1 vol. in-12 de 387 pages. 1 60

Vie de Whitefield, 2e édit. Broch. in-12 de 218 pages (prix baissé).   » 50